전국민 어휘력 강화 프로젝트
이게 이 뜻?!

『이게 이 뜻?!』 시리즈는...

뜻은 알지만 설명은 어렵고,
자주 쓰면서도 정확한 의미는 몰랐던 그 말.

"와~ 이게 이 뜻이야?" 하는 순간을 위해
한자 구조와 낱말의 흐름까지 낱낱이 풀었습니다.

『이게 이 뜻?!』 시리즈는 단어를 외우게 하는 책이 아닙니다.

한 글자 한 글자의 구성과 의미 흐름을 따라가며
단어가 만들어진 원리를 시각적으로 이해하도록 돕는,

<u>생각하는 어휘력 프로젝트</u>입니다.

✔ 어휘를 **그림처럼** 보여주는 구성
✔ 단어의 뿌리부터 뜻의 맥락까지 연결
✔ 퀴즈, 퍼즐 등 **놀이형 활동**으로 반복 노출
✔ 책상 위에 펼쳐두는 **달력형 디자인**

"어휘는 사고의 틀을 만든다."
— 비고츠키, 『사고와 언어』

들어가는 말

우리는 수많은 단어로 생각하고, 말하고, 느낍니다.
하지만 그 단어들이 어디서 왔는지, 어떤 뜻을 품고 있는지는 무심코 지나칠 때가 많습니다.

「이게 이 뜻?!」 시리즈는 단순한 뜻풀이책이 아닙니다.
한 글자, 한 어근 속에 담긴 의미와 구조를 따라가며, **생각의 깊이와 어휘의 연결력을 키우는** '낱말 탐험서'입니다.

낯익지만 낯선 단어들 속에서 어휘력이 스며들듯 자라는 경험-
이제, 우리 함께 시작해볼까요?

책의 구성 및 사용법

step 1

step 2

이 책, 이렇게 구성되어 있어요.

- **어휘 제목**
  한자 표기와 영어 뜻을 함께 제시해줍니다.
  예) 가로수 (**街路樹**, Roadside Trees)

- **한 글자씩 구성 분석**
  낱글자마다 한자, 뜻, 영어와 함께 대표 사진과 활용어휘들을 보여줍니다.
  예) 가 [**街**, 거리, street] → 가로등, 가판대, 번화가
  　　로 [**路**, 길, road] → 도로, 진로, 노선
  　　수 [**樹**, 나무, tree] → 수목원, 과수원, 침엽수

- **전체 어휘 뜻과 예문**
  어휘 전체의 의미와 실생활 예문을 함께 제시해 이해를 돕습니다.

- **구성 요소 해설**
  한자의 어원과 구성원리를 하나하나 살펴보며, 낱말이 만들어진 방식과 의미를 스스로 이해할 수 있도록 도와줍니다.

책의 구성 및 사용법

step 3 이 낱말, 뭐게? Week 1-4

step 4 이 낱말, 엇갈렸네?! Week 1-4

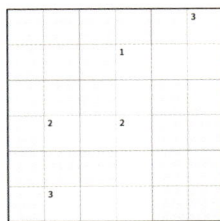

이 책, 이렇게 활용해요.

- **이름대기 퀴즈**
  뜻 설명을 보고 알맞은 낱말을 적으며 어휘 의미를 되새깁니다.
  예) 도로변에 줄지어 심은 나무: 가로수

- **빈칸에 들어갈 어휘**
  문맥 속 어휘를 유추하며 실제 사용 예를 익힐 수 있도록 합니다.
  예) 봄이 되자 (가로수)에 벚꽃이 활짝 피어 거리가 환해졌다.

- **한 글자 뜻 고르기**
  어휘를 이루는 한자의 뜻을 정확히 이해하고 구성 요소를 분석하게 합니다.
  예) '가로수'에서 '수(樹)'의 뜻은 무엇인가요? 나무

- **십자말 퍼즐**
  배운 낱말을 힌트를 통해 떠올리며 퍼즐을 완성하는 과정에서 자연스럽게 복습이 이루어집니다.

차례 Contents

- 『이게 이 뜻?!』 시리즈는 3
- 들어가는 말 4
- 책의 구성 및 활용법 .... 5~6
- 차례 7
- 본문 .... 9~148

Set	Week	어휘	Page	Set	Week	어휘	Page
1	1 ~ 4	가로수 · 두각 · 분무기 · 요철	9 ~ 18	8	29 ~ 32	고막 · 비범 · 유인원 · 훼손	79 ~ 88
2	5 ~ 8	각광 · 모낭 · 원심력 · 정거장	19 ~ 28	9	33 ~ 36	과수원 · 비약 · 엽기 · 혁신	89 ~ 98
3	9 ~ 12	간발 · 무산 · 응결 · 장갑차	29 ~ 38	10	37 ~ 40	광고 · 신랄 · 이유식 · 점멸등	99 ~ 108
4	13 ~ 16	건배 · 별안간 · 유인물 · 잠식	39 ~ 48	11	41 ~ 44	구축 · 승강기 · 용의자 · 치어	109 ~ 118
5	17 ~ 20	격추 · 미래 · 사이비 · 양서류	49 ~ 58	12	45 ~ 48	근절 · 복개 · 여객선 · 찰과상	119 ~ 128
6	21 ~ 24	결과 · 박빙 · 용수철 · 채근	59 ~ 68	13	49 ~ 52	노골 · 목가 · 박람회 · 섭렵	129 ~ 138
7	25 ~ 28	고고학 · 유람선 · 재래 · 추호	69 ~ 78	14	53 ~ 56	몰두 · 박차 · 장악 · 활주로	139 ~ 148

- 정답: 이 낱말, 뭐게? .... 151~152
- 정답: 이 낱말, 엇갈렸네?! .... 153~154

Intro Page

"자, **어휘의 세계**로 **출발**할 준비됐나요?"

이제, 말의 힘을 키우는 **여행**이 시작됩니다!

가로수 街路樹

Week 1

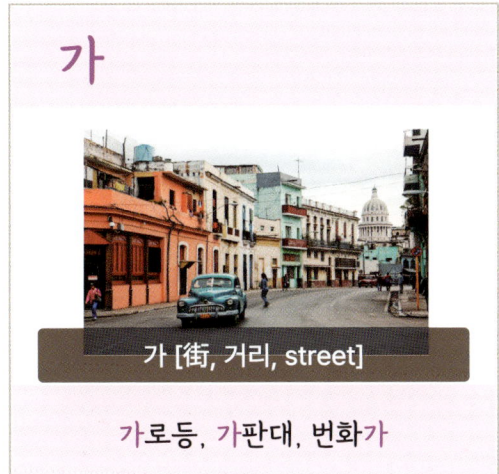

가

가 [街, 거리, street]

가로등, 가판대, 번화가

로

로 [路, 길, road]

도로, 진로, 노선

수

수 [樹, 나무, tree]

수목원, 과수원, 침엽수

가로수   Roadside Trees

도로변에 줄지어 심은 나무.

예문: 가로수는 공기의 정화에 매우 중요하다.

가 [街, 거리, street]
로 [路, 길, road]
수 [樹, 나무, tree]

● 거리를 아름답고 쾌적하게 만들기 위해 길가에 일정한 간격으로 심은 나무입니다.

가로수 街路樹

Week 1

가 [街, 거리, street]: 정돈됨(圭) + 거리(行) → 도시의 정돈된 거리

- 가로등 [街路燈, 길 로·등불 등]: 거리를 밝히는 등불.
- 가판대 [街販臺, 팔 판·받침대 대]: 거리에서 물건을 파는 간이 진열대.
- 번화가 [繁華街, 번성할 번·빛날 화]: 사람이 많고 가게와 불빛으로 활기찬, 화려한 거리.

로 [路, 길, road]: 다니다(足) + 여러 방향(各) → 여러 방향으로 이어진, 사람들이 다니는 길 → 길

- 도로 [道路, 길 도]: 사람들이나 자동차가 다니도록 만든 넓은 길.
- 진로 [進路, 나아갈 진]: 앞으로 나아가는 방향이나 길.
- 노선 [路線, 줄 선]: 버스나 지하철이 다니는 정해진 길이나 경로.

수 [樹, 나무, tree]: 나무(木) + 심다(尌) → 사람이 심어 가꾼 나무, 큰 나무

- 수목원 [樹木園, 나무 목·동산 원]: 여러 종류의 나무를 모아 기르고 가꾸는 공간.
- 과수원 [果樹園, 열매 과·동산 원]: 열매가 열리는 나무를 심고 가꾸는 밭.
- 침엽수 [針葉樹, 바늘 침·잎 엽]: 바늘 모양의 잎을 가진 나무.

두각 頭角

Week 2

두 [頭, 머리, head/mind]

두통, 두피, 두발

각 [角, 뿔, horn]

호각, 촉각, 각도

두각 — Stand Out

머리 위 뿔처럼 도드라지는, 눈에 띄는 능력이나 성과.

예문: 그녀는 대회에서 두각을 나타내며 1등을 차지했다.

두 [頭, 머리, head/mind]
각 [角, 뿔, horn]

- 뿔이 머리 위에서 도드라지듯, 어떤 사람의 재능이나 능력이 또렷하게 드러나는 것을 뜻합니다.

두각 頭角　　　Week 2

두 [頭, 머리, head/mind]: 제사용 그릇(豆) + 머리(頁) → 머리를 강조한 모습 → 머리, 생각하는 머리

- 두통 [頭痛, 아플 통]: 머리가 아픈 증상.
- 두피 [頭皮, 가죽 피]: 머리를 덮고 있는 피부.
- 두발 [頭髮, 털 발]: 머리카락.

각 [角, 뿔, horn]: 짐승 머리에 난 뿔을 본뜬 글자 → 뿔, 모서리

- 호각 [號角, 부를 호]: 신호를 보낼 때 부는 뿔피리.
- 촉각 [觸角, 닿을 촉]: 곤충의 머리에서 뿔처럼 나와 냄새나 움직임 등을 느끼는 더듬이.
- 각도 [角度, 법도 도]: 두 선이 뿔처럼 벌어진 정도, 기울기의 크기.

분무기 噴霧器

Week 3

분

분 [噴, 뿜다, spurt]

분출, 분수대, 분화구

무

무 [霧, 안개, mist]

연무, 해무, 무산

기

기 [器, 그릇/도구, vessel/tool]

식기, 석기, 무기

분무기 — Spray Bottle

물이나 약품 등을 안개처럼 뿜어내는 도구.

예문: 나는 분무기에 물을 채웠다.

분 [噴, 뿜다, spurt]
무 [霧, 안개, mist]
기 [器, 그릇/도구, vessel/tool]

● 식물에 물을 주거나 약품을 뿌릴 때 사용하는, 물을 아주 작고 고르게 뿌려주는 기구입니다.

분무기 噴霧器　　Week 3

분 **[噴, 뿜다, spurt]**: 입(口) + 발음요소 분(賁) → 입에서 기체나 액체가 세차게 뿜어져 나오는 모습 → 뿜다, 내뿜다

- 분출 [噴出, 나갈 출]: 기체나 액체가 세차게 뿜어져 나옴.
- 분수대 [噴水臺, 물 수·받침대 대]: 물을 위로 뿜어내는 장치.
- 분화구 [噴火口, 불 화·입 구]: 화산이 용암과 가스를 뿜어내며 생긴 구멍.

무 **[霧, 안개, mist]**: 비(雨) + 발음요소 무(務) → 비처럼 퍼지는 뿌연 습기 → 안개

- 연무 [煙霧, 연기 연]: 연기와 안개가 섞여 뿌옇게 낀 상태.
- 해무 [海霧, 바다 해]: 바다 위에 생기는 안개.
- 무산 [霧散, 흩어질 산]: 안개가 흩어지듯, 하려던 일이 사라져 버림.

기 **[器, 그릇/도구, vessel/tool]**: 제사 때 고기를 담아 나누던 그릇에서 유래한 글자 → 그릇, 도구

- 식기 [食器, 먹을 식]: 음식을 담거나 먹을 때 쓰는 그릇.
- 석기 [石器, 돌 석]: 돌로 만든 도구.
- 무기 [武器, 무예 무]: 싸울 때 쓰는 도구.

요철 凹凸

> Week 4

요 [凹, 오목함, hollow]

요면, 요렌즈, 요판인쇄

철 [凸, 볼록함, convex]

철면, 철렌즈, 철판인쇄

요철 — Bumps and Dents

표면이 오목하고 볼록하게 울퉁불퉁한 상태.

예문: 그는 피부요철을 치료하려고 피부과에 갔다.

요 [凹, 오목함, hollow]
철 [凸, 볼록함, convex]

- 표면이 들어가 있거나 튀어나온 부분이 섞여 울퉁불퉁한 상태를 말합니다.

요철 凹凸

Week 4

요 [凹, 오목함, hollow]: 가운데가 움푹 들어간 모습을 본뜬 글자 → **오목하다**

- 요면 [凹面, 겉부분 면]: 안쪽으로 들어간 오목한 표면.
- 요렌즈 [凹렌즈]: 가운데가 오목한 렌즈로, 빛을 퍼뜨림.
- 요판인쇄 [凹版印刷, 판 판·도장 인·인쇄할 쇄]: 판의 오목한 부분에 잉크를 채워 인쇄하는 방식.

철 [凸, 볼록함, convex]: 가운데가 볼록하게 튀어나온 모습을 본뜬 글자 → **볼록하다**

- 철면 [凸面, 겉부분 면]: 바깥쪽으로 튀어나온 볼록한 표면.
- 철렌즈 [凸렌즈]: 가운데가 볼록한 렌즈로, 빛을 모음.
- 철판인쇄 [凸版印刷, 판 판·도장 인·인쇄할 쇄]: 판의 볼록한 부분에 잉크를 묻혀 찍어내는 인쇄 방식.

이 낱말, 뭐게?

Week 1-4

- ### 이름대기 퀴즈
아래 설명을 읽고, 알맞은 어휘를 쓰세요.

1. 표면이 오목하고 볼록하게 울퉁불퉁한 상태:
2. 물이나 약품 등을 안개처럼 뿜어내는 도구:
3. 머리 위 뿔처럼 도드라지는, 눈에 띄는 능력이나 성과:
4. 도로변에 줄지어 심은 나무:

- ### 빈칸에 들어갈 어휘
빈칸에 들어갈 알맞은 어휘를 쓰세요.

1. 그는 어릴 때부터 수학 분야에서 (　　　　)을 나타냈다.
2. 잎사귀에 물을 줄 때에는 (　　　　)를 활용하면 좋다.
3. 길바닥에 (　　　　)이 많아 자전거 타기가 위험하다.
4. 봄이 되자 (　　　　)에 벚꽃이 활짝 피어 거리가 환해졌다.

- ### 한 글자 뜻 고르기
괄호 안 글자의 뜻으로 알맞은 것을 고르세요.

1. '분무기'에서 '무(霧)'의 뜻은 무엇인가요?
   A. 뿜다　　B. 도구　　C. 안개　　D. 물방울

2. '요철'에서 '요(凹)'는 무슨 의미인가요?
   A. 볼록함　B. 오목함　C. 뾰족함　D. 평평함

3. '두각'의 '각(角)'은 어떤 의미를 담고 있나요?
   A. 머리　　B. 구부러짐　C. 뿔　　D. 점

4. '가로수'에서 '수(樹)'의 뜻은 무엇인가요?
   A. 나무　　B. 잎사귀　C. 열매　　D. 줄기

- 정답: 151p

이 낱말, 엇갈렸네?!

Week 1-4

가로

1. 거리에서 물건을 파는 간이 진열대.
2. 바늘 모양의 잎을 가진 나무.
3. 열매가 열리는 나무를 심고 가꾸는 밭.

세로

1. 도로변에 줄지어 심은 나무.
2. 여러 종류의 나무를 모아 기르고 가꾸는 공간.
3. 바닷길을 밝혀주기 위해 등불을 높게 받쳐 놓은 탑.

정답: 153p

각광 脚光

Week 5

각 [脚, 다리, leg/lower part]

삼각대, 이인삼각, 각주

광 [光, 빛, light]

광선, 야광, 전광판

각광 Spotlight

무대 앞쪽 아래에서 비추는 빛, 또는 많은 사람들의 관심과 주목.

예문: 우리 고향은 최근 관광지로 각광을 받고 있다.

각 [脚, 다리/아래, leg/lower part]
광 [光, 빛, light]

- 원래는 무대 조명을 뜻하지만, 지금은 사람들의 주목이나 인기를 받는다는 뜻으로 주로 쓰입니다.

각광 脚光　　　　　　　　　Week 5

각 [脚, 다리, leg/lower part]: 발(足) + 몸의 아래 부분(却) → 다리, 아래쪽

- 삼각대 [三脚臺, 셋 삼, 받침대 대]: 카메라 등을 세 개의 다리로 받쳐주는 장치.
- 이인삼각 [二人三脚, 둘 이, 사람 인, 셋 삼]: 두 사람이 다리를 묶고 함께 뛰는 놀이.
- 각주 [脚註, 글 뜻 풀 주]: 글의 아래에 다는 설명이나 주석.

광 [光, 빛, light]: 사람(儿) + 횃불(火) → 사람이 불을 들고 밝히는 모습 → 빛

- 광선 [光線, 줄 선]: 뻗어나가는 빛줄기.
- 야광 [夜光, 밤 야]: 어두운 곳에서 스스로 빛나는 것.
- 전광판 [電光板, 번개 전, 널반지 판]: 전기로 빛을 만들어 정보를 보여주는 넓은 판.

모낭 毛囊

Week 6

모

모 [毛, 털, hair]

모발, 모근, 탈모

낭

낭 [囊, 주머니, pouch]

배낭, 침낭, 낭종

모낭 — Hair Follicle

털의 뿌리를 감싸고 있는 주머니.

예문: 모낭에 세균이 들어가 염증이 생겼다.

모 [毛, 털, hair]
낭 [囊, 주머니, pouch]

- 모근을 감싸며 영양을 공급하고, 털이 자라도록 돕는 역할을 합니다.

모낭 毛囊　　　Week 6

모 [毛, 털, hair]: 동물의 털을 본떠 만든 글자 → 털
- 모발 [毛髮, 털 발]: 사람의 머리에 난 털, 즉 머리카락.
- 모근 [毛根, 뿌리 근]: 털의 뿌리 부분.
- 탈모 [脫毛, 벗을 탈]: 머리카락이나 털이 빠지는 현상.

낭 [囊, 주머니, pouch]: 물건을 넣어 보관하거나 들고 다니는 주머니를 뜻하는 글자 → 주머니, 자루
- 배낭 [背囊, 등 배]: 등에 메는 주머니 모양의 가방.
- 침낭 [寢囊, 잘 침]: 들고 다니며 잘 수 있도록 만든, 주머니 모양의 이불.
- 낭종 [囊腫, 부스럼 종]: 피부 아래에 액체나 고름이 들어 있는, 주머니 모양의 혹.

원심력 遠心力

Week 7

원

원 [遠, 멀다, distant]

망원경, 원격, 원근법

심

심 [心, 마음/가운데, heart/center]

심장, 중심, 구심력

력

력 [力, 힘, power]

풍력, 체력, 매력

원심력 — Centrifugal Force

회전하는 물체가 중심에서 바깥으로 멀어지려는 힘.

예문: 탈수기는 원심력을 이용한 기계이다.

원 [遠, 멀다, distant]
심 [心, 마음/가운데, heart/center]
력 [力, 힘, power]

● 원심력은 구심력과 크기는 같고 방향은 반대지만, 실제로 존재하는 힘은 아니며 관성에 의해 느껴지는 가상의 힘입니다.

원심력 遠心力　　　Week 7

원 **[遠, 멀다, distant]**: 길을 따라 나아가는 모습(辶) + 넓게 퍼진 옷자락(袁) → 멀리 퍼져 나가다 → 멀다

- 망원경 [望遠鏡, 바라볼 망·거울 경]: 멀리 있는 것을 가까이 보이게 하는 기구.
- 원격 [遠隔, 사이 뜰 격]: 멀리 떨어진 곳에서 작용하거나 조종함.
- 원근법 [遠近法, 가까울 근·법 법]: 멀리 있는 것과 가까이 있는 것을 그림에 나타내는 방법.

심 **[心, 마음/가운데, heart/center]**: 심장의 생김새를 본뜬 글자 → 마음, 가운데

- 심장 [心臟, 오장 장]: 피를 순환시키는, 몸의 가운데에 있는 기관.
- 중심 [中心, 가운데 중]: 한가운데, 가장 중요한 부분.
- 구심력 [求心力, 구할 구·힘 력]: 회전하는 물체를 가운데로 끌어당기는 힘.

력 **[力, 힘, power]**: 고대 농기구인 쟁기의 모양을 본뜬 글자 → 어떤 일을 해내는 힘

- 풍력 [風力, 바람 풍]: 바람의 힘.
- 체력 [體力, 몸 체]: 몸의 힘.
- 매력 [魅力, 매혹할 매]: 사람을 끌어당기는 힘.

정거장 停車場

Week 8

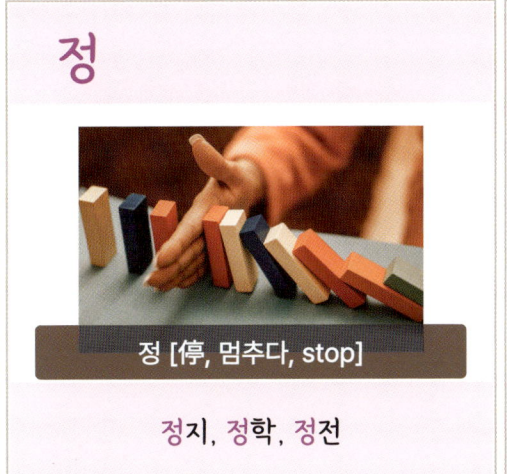

정 [停, 멈추다, stop]

정지, 정학, 정전

거 [車, 수레, vehicle]

자전거, 인력거, 급정거

장 [場, 마당, space]

장소, 시장, 퇴장

정거장
Stop

버스나 열차가 잠시 멈추는 장소.

예문: 나는 정거장에서 택시를 한참 기다렸다.

정 [停, 멈추다, stop]
거 [車, 수레, vehicle]
장 [場, 마당, space]

● 버스나 열차가 멈춰 서서 사람이나 짐을 태우고 내리는 곳입니다.

정거장 停車場

Week 8

정 [停, 멈추다, stop]: 사람(亻) + 정자(亭) → 사람이 정자 아래 가만히 서 있는 모습 → 멈추다

- 정지 [停止, 멈출 지]: 움직임이나 작용을 멈춤.
- 정학 [停學, 배울 학]: 학교 출석을 일정 기간 멈추게 하는 처분.
- 정전 [停電, 전기 전]: 전기의 공급이 중단됨.

거 [車, 수레, vehicle]: 바퀴 달린 수레를 본뜬 글자 → 운반 도구, 교통수단

- 자전거 [自轉車, 스스로 자·구를 전]: 사람이 스스로 페달을 굴려 움직이는 탈것.
- 인력거 [人力車, 사람 인·힘 력]: 사람이 직접 끌어 움직이는 바퀴 달린 탈것.
- 급정거 [急停車, 급할 급·멈출 정]: 차량이 갑자기 멈추는 일.

장 [場, 마당, space]: 햇볕(昜) + 넓은 땅(土) → 햇볕이 드는 넓은 땅 → 마당, 활동이 이루어지는 공간

- 장소 [場所, 곳 소]: 일이 일어나거나 존재하는 공간.
- 시장 [市場, 장터 시]: 물건을 사고파는 장소.
- 퇴장 [退場, 물리칠 퇴]: 공간 밖으로 나감.

이 낱말, 뭐게?

Week 5-8

- **이름대기 퀴즈**

아래 설명을 읽고, 알맞은 어휘를 쓰세요.

1. 털의 뿌리를 감싸고 있는 주머니:
2. 무대 앞쪽 아래에서 비추는 빛, 또는 많은 사람들의 관심과 주목:
3. 회전하는 물체가 중심에서 바깥으로 멀어지려는 힘:
4. 버스나 열차가 잠시 멈추는 장소:

- **빈칸에 들어갈 어휘**

빈칸에 들어갈 알맞은 어휘를 쓰세요.

1. 신인 배우가 드라마에서 좋은 연기를 보여주며 (   )을 받았다.
2. 탈모 예방을 위해 (   )을 건강하게 관리하는 것이 중요하다.
3. 회전 놀이기구가 빠르게 돌면 (   )때문에 몸이 바깥쪽으로 밀린다.
4. 버스가 (   )에 도착하자 사람들이 하나둘 내리기 시작했다.

- **한 글자 뜻 고르기**

괄호 안 글자의 뜻으로 알맞은 것을 고르세요.

1. '각광'에서 '광(光)'은 무엇을 의미하나요?

    A. 그림자   B. 빛   C. 아래   D. 주목

2. '모낭'에서 '낭(囊)'은 어떤 뜻인가요?

    A. 뿌리   B. 털   C. 주머니   D. 구멍

3. '원심력'의 '심(心)'은 무슨 뜻일까요?

    A. 마음   B. 바깥   C. 중심   D. 멀다

4. '정거장'의 '정(停)'은 어떤 의미인가요?

    A. 멈추다   B. 가다   C. 마당   D. 차

● 정답: 151p

이 낱말, 엇갈렸네?!

Week 5-8

가로

1. 회전하는 물체가 중심에서 바깥으로 멀어지려는 힘.
2. 피를 순환시키는, 몸의 가운데에 있는 기관.

세로

1. 멀리 있는 것을 가까이 보이게 하는 기구.
2. 회전하는 물체를 가운데로 끌어당기는 힘.

● 정답: 153p

간발 間髮

Week 9

간 [間, 사이, between]

간식, 간격, 시간

발 [髮, 털, hair]

모발, 이발, 삭발

간발 — By a Whisker

털과 털 사이, 또는 머리카락 한 올만큼의 아주 작은 차이.

예문: 나는 간발의 차이로 경기에서 이겼다.

간 [間, 사이, between]
발 [髮, 털, hair]

- 시간이나 점수에서 아주 작은 차이로 결과가 갈릴 때 쓰는 말입니다.

간발 間髮

Week 9

간 [間, 사이, between]: 문(門) + 햇빛(日) → 문 사이로 빛이 드는 모습 → 사이, 틈

- 간식 [間食, 먹을 식]: 식사 사이에 먹는 음식.
- 간격 [間隔, 사이 뜰 격]: 두 사람이나 사물 사이의 거리.
- 시간 [時間, 때 시]: 한 시점과 다른 시점 사이의 흐름.

발 [髮, 털, hair]: 머리털(髟) + 발음요소 발(犮) → 머리카락

- 모발 [毛髮, 털 모]: 사람의 머리에 난 털, 즉 머리카락.
- 이발 [理髮, 다스릴 이]: 머리카락을 자르거나 다듬는 일.
- 삭발 [削髮, 깎을 삭]: 머리카락을 완전히 밀어 없애는 것.

무산 霧散

Week 10

무 [霧, 안개, mist]

분무기, 연무, 해무

산 [散, 흩어지다, scatter]

해산, 분산, 산만

무산 — Cancellation

안개가 흩어지듯, 하려던 일이 허무하게 사라짐.

예문: 우리의 계약은 그의 반대로 결국 무산되었다.

무 [霧, 안개, mist]
산 [散, 흩어지다, scatter]

- 계획이나 일이 중간에 흐지부지되어 끝내 이루어지지 못하는 것을 말합니다.

무산 霧散　　　　　　　　　　　　　Week 10

무 [霧, 안개, mist]: 비(雨) + 발음요소 무(務) → 비처럼 퍼지는 뿌연 습기 → 안개

- 분무기 [噴霧器, 뿜을 분·도구 기]: 물이나 약품 등을 안개처럼 뿜어내는 도구.
- 연무 [煙霧, 연기 연]: 연기와 안개가 섞여 뿌옇게 낀 상태.
- 해무 [海霧, 바다 해]: 바다 위에 생기는 안개.

산 [散, 흩어지다, scatter]: 고기(月) + 두드리다(攵) → 살코기를 두드려 넓게 펴는 모습 → 흩어지다, 퍼뜨리다

- 해산 [解散, 풀 해]: 함께 있던 사람들이 흩어짐.
- 분산 [分散, 나눌 분]: 한곳에 모인 것이 여러 방향으로 퍼짐.
- 산만 [散漫, 흩어질 만]: 정신이 흩어져 집중하지 못하는 상태.

응결 凝結

Week 12

응

응 [凝, 엉기다/굳다, congeal]

응고, 응집, 응축

결

결 [結, 맺다, knot]

결실, 결로, 결절

응결 Condensation

한데 엉겨서 맺힘.

예문: 응결 때문에 차가운 캔에 물방울이 맺혔다.

응 [凝, 엉기다/굳다, congeal]
결 [結, 맺다, knot]

- 수증기 같은 기체가 온도 변화나 압력에 의해 물방울처럼 액체로 변하는 현상을 말합니다.

응결 凝結　　　Week 12

응 [凝, 엉기다/굳다, congeal]: 얼음(冫) + 망설이며 멈춰 있는 상태(疑) → 액체나 기체가 식어 굳거나 엉기는 상태

- 응고 [凝固, 굳을 고]: 액체나 기체가 굳어서 고체가 됨.
- 응집 [凝集, 모을 집]: 흩어진 것이 한데 엉겨 모임.
- 응축 [凝縮, 줄일 축]: 한데 엉겨 굳어서 부피가 줄어듦.

결 [結, 맺다, knot]: 실(糸) + 발음요소 길(吉) → 실로 잇거나 묶음 → 묶다, 뭉치다, 맺다

- 결실 [結實, 열매 실]: 노력 끝에 맺는 좋은 열매나 성과.
- 결로 [結露, 이슬 로]: 수증기가 모여 이슬처럼 맺히는 현상.
- 결절 [結節, 마디 절]: 몸속 조직이 마디처럼 뭉친 작은 덩어리.

장갑차 裝甲車

Week 13

장

장 [裝, 꾸미다, decorate]

장식, 포장, 복장

갑

갑 [甲, 갑옷, armor]

철갑, 갑판, 갑각류

차

차 [車, 수레, vehicle]

자동차, 승차, 차량

장갑차
Armored Vehicle

갑옷처럼 단단한 철판으로 몸체를 둘러싼 차량.

예문: 장갑차는 적의 공격으로부터 비교적 안전하다.

장 [裝, 꾸미다, decorate]
갑 [甲, 갑옷, armor]
차 [車, 수레, vehicle]

● 전쟁 중 사람이나 무기를 싣고, 적의 공격을 견디도록 만든 군용차입니다.

장갑차 裝甲車

Week 13

장 [裝, 꾸미다, decorate]: 옷(衣) + 힘차고 듬직한 모습(壯) → 옷을 갖춰 입고 꾸미는 모습 → 꾸미다, 갖추다

- 장식 [裝飾, 꾸밀 식]: 물건이나 공간을 보기 좋게 꾸밈.
- 포장 [包裝, 쌀 포]: 물건을 싸서 겉을 꾸미거나 보호함.
- 복장 [服裝, 옷 복]: 옷을 꾸며 입은 모양새.

갑 [甲, 갑옷, armor]: 갑옷의 앞면을 본뜬 글자 → 단단히 감싸는 껍질이나 보호구

- 철갑 [鐵甲, 쇠 철]: 쇠로 만든 갑옷이나 단단한 덮개.
- 갑판 [甲板, 널빤지 판]: 배의 윗부분을 덮는 단단한 널판.
- 갑각류 [甲殼類, 껍질 각·무리 류]: 단단한 껍질을 가진 동물 무리.

차 [車, 수레, vehicle]: 바퀴 달린 수레를 본뜬 글자 → 운반 도구, 교통수단

- 자동차 [自動車, 스스로 자·움직일 동]: 스스로 움직이는 차.
- 승차 [乘車, 탈 승]: 차를 타는 일.
- 차량 [車輛, 수레 량]: 땅 위를 다니는 모든 종류의 교통수단.

이 낱말, 뭐게?

Week 9-12

● **이름대기 퀴즈**

아래 설명을 읽고, 알맞은 어휘를 쓰세요.

1. 한데 엉겨서 맺힘, 또는 기체가 액체로 변하는 현상:
2. 안개가 흩어지듯, 하려던 일이 허무하게 사라짐:
3. 털과 털 사이, 또는 머리카락 한 올만큼의 아주 작은 차이:
4. 갑옷처럼 단단한 철판으로 몸체를 둘러싼 차량:

● **빈칸에 들어갈 어휘**

빈칸에 들어갈 알맞은 어휘를 쓰세요.

1. 두 선수는 (　　　　　)의 차이로 승부가 갈렸다.
2. 비가 오는 바람에 야외 행사가 (　　　　　)되었다.
3. 구름은 공기 중의 수증기가 차가운 곳에서 (　　　　　)된 것이다.
4. (　　　　　)가 골목을 지나가자 모두 숨을 죽였다.

● 정답: 151p

● **한 글자 뜻 고르기**

괄호 안 글자의 뜻으로 알맞은 것을 고르세요.

1. '간발'에서 '발(髮)'은 무엇을 의미하나요?

　A. 걷다　　B. 털　　C. 발끝　　D. 사이

2. '무산'에서 '산(散)'은 어떤 뜻인가요?

　A. 모이다　B. 흩어지다　C. 무너지다　D. 안개

3. '응결'의 '응(凝)'은 무슨 뜻일까요?

　A. 엉기다　B. 맺다　C. 끓다　D. 모이다

4. '장갑차'의 '갑(甲)'은 어떤 의미인가요?

　A. 강철　　B. 무기　　C. 병사　　D. 갑옷

● 정답: 151p

이 낱말, 엇갈렸네?!

Week 9-12

가로

1. 물건을 싸서 겉을 꾸미거나 보호함.
2. 단단한 껍질을 가진 동물 무리.
3. 스스로 움직이는 차.

세로

1. 옷을 꾸며 입은 모양새.
2. 갑옷처럼 단단한 철판으로 몸체를 감싼 차량.
3. 땅 위를 다니는 모든 종류의 교통수단.

● 정답: 153p

건배 乾杯

Week 13

건	배

건 [乾, 마르다, dry]	배 [杯, 술잔, glass]
건조, 건어물, 건전지	축배, 고배, 독배

건배 Toast

술을 마셔 술잔을 비움.

예문: 우리의 행복을 위해 건배합시다.

건 [乾, 마르다, dry]
배 [杯, 술잔, glass]

- 술자리에서 잔을 들어 건강, 축하, 좋은 일 등을 기원하며 함께 마시는 행동입니다.

건배 乾杯　　　　　　　　Week 13

건 [乾, 마르다, dry]: 햇빛(倝) + 아지랑이(乙) → 햇볕에 땅이 바싹 마르는 모습 → 마르다

- 건조 [乾燥, 마를 조]: 물기가 없어 바싹 마른 상태.
- 건어물 [乾魚物, 물고기 어·물건 물]: 말린 물고기나 해산물.
- 건전지 [乾電池, 전기 전·연못 지]: 내부에 액체가 없는 마른 형태의 배터리.

배 [杯, 술잔, glass]: 나무(木) + 작은 그릇 모양(不 또는 否) → 작은 나무 잔 → 술잔

- 축배 [祝盃, 빌 축]: 기쁨이나 행운을 위해 드는 축하의 잔.
- 고배 [苦盃, 쓸 고]: 실패나 아픔을 상징하는 쓰디쓴 잔.
- 독배 [毒盃, 독 독]: 독이 든 잔으로, 죽음이나 희생을 상징함.

별안간 瞥眼間

Week 14

별 [瞥, 깜짝하다, blink]

안 [眼, 눈, eye]
안경, 안구, 안목

간 [間, 사이, between]
시간, 순간, 간식

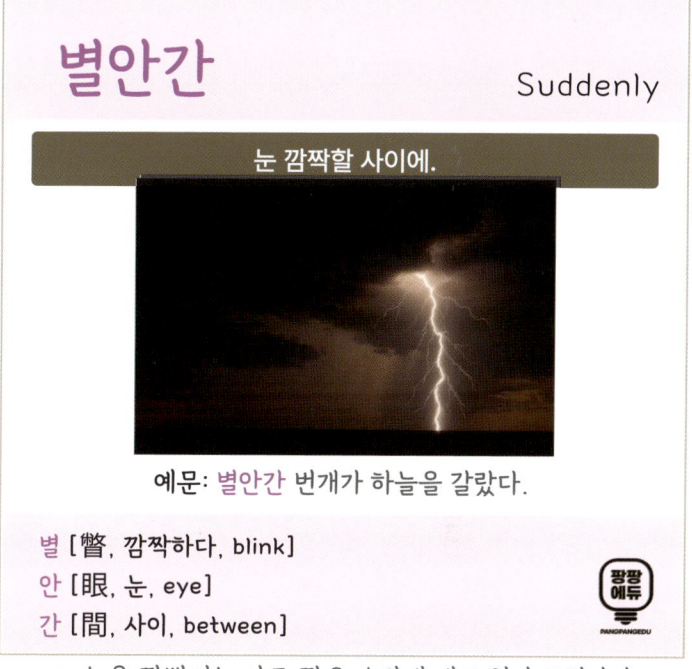

별안간 — Suddenly

눈 깜짝할 사이에.

예문: **별안간** 번개가 하늘을 갈랐다.

별 [瞥, 깜짝하다, blink]
안 [眼, 눈, eye]
간 [間, 사이, between]

● 눈을 깜빡이는 아주 짧은 순간에 예고 없이 무언가가 벌어지는 상황을 뜻합니다.

별안간 瞥眼間

Week 14

별 [瞥, 깜짝하다, blink]: 눈(目) + 발음요소 폐(敝) → 눈을 깜짝하다
- 이 단어 외에는 거의 쓰이지 않는 한자입니다.

안 [眼, 눈, eye]: 눈(目) + 아래를 바라보는 사람(艮) → 눈으로 바라보는 모습 → 바라보다, 응시하다
- 안경 [眼鏡, 거울 경]: 시력을 보정하기 위해 눈에 쓰는 도구.
- 안구 [眼球, 공 구]: 시각을 담당하는 공모양의 눈알.
- 안목 [眼目, 눈 목]: 사물을 판단하거나 분별하는 눈.

간 [間, 사이, between]: 문(門) + 햇빛(日) → 문 사이로 빛이 드는 모습 → 사이, 틈
- 시간 [時間, 때 시]: 한 시점과 다른 시점 사이의 흐름.
- 순간 [瞬間, 눈 깜짝일 순]: 매우 짧은 시간.
- 간식 [間食, 먹을 식]: 식사 사이에 먹는 음식.

유인물 油印物

Week 15

유 [油, 기름, oil]

주유소, 식용유, 유조차

인 [印, 도장, stamp]

인쇄, 인화, 인상

물 [物, 물건, thing]

사물, 동물, 물물교환

유인물 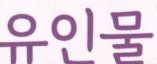 Handout

기름으로 찍어낸 인쇄물.

예문: 선생님께서 유인물을 나눠 주셨다.

유 [油, 기름, oil]
인 [印, 도장, stamp]
물 [物, 물건, thing]

● 예전에는 기름으로 인쇄한 종이를 뜻했으며, 지금은 수업이나 행사 때 나눠 주는 출력물을 말합니다.

유인물 油印物

Week 15

유 [油, 기름, oil]: 액체(氵) + 그릇에서 흘러나오는 모습(由) → 기름

- 주유소 [注油所, 부을 주·곳 소]: 자동차나 기계에 기름을 넣는 곳.
- 식용유 [食用油, 먹을 식·쓸 용]: 음식 조리에 쓰는 식물성 기름.
- 유조차 [油槽車, 통 조·수레 차]: 대형 기름통을 싣고 운반하는 차량.

인 [印, 도장, stamp]: 손(爪) + 무릎 꿇은 사람(卩) → 손으로 누르다 → 도장, 찍다

- 인쇄 [印刷, 인쇄할 쇄]: 글자나 그림을 종이에 찍어내는 일.
- 인화 [印畵, 그림 화]: 사진 필름의 상을 종이에 찍어내는 일.
- 인상 [印象, 형상 상]: 마음속에 어떤 모습이 도장처럼 강하게 찍혀 남는 것.

물 [物, 물건, thing]: 소(牛) + 칼이나 도구(勿) → 사람이 구분하거나 다룰 수 있는 것 → 존재하는 모든 것

- 사물 [事物, 일 사]: 사람이 보고 다룰 수 있는 모든 물건이나 일.
- 동물 [動物, 움직일 동]: 스스로 움직이는 생명체.
- 물물교환 [物物交換, 서로 교·바꿀 환]: 돈 없이 물건과 물건을 직접 바꾸는 거래 방식.

잠식 蠶食

Week 16

잠 [蠶, 누에, silkworm]

양잠업, 잠실, 잠실동

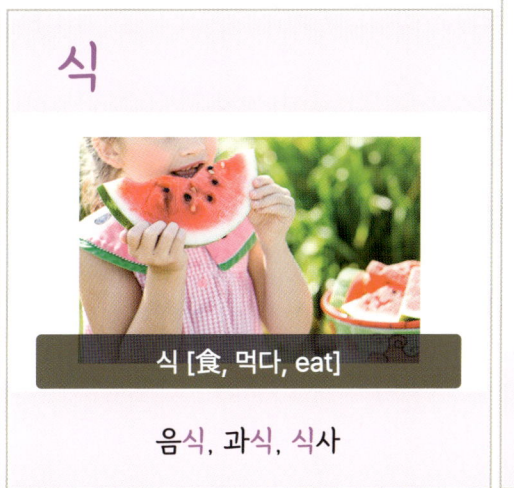

식 [食, 먹다, eat]

음식, 과식, 식사

잠식 — Encroachment

누에가 뽕잎을 조금씩 갉아먹듯, 점차 조금씩 먹어 들어감.

예문: 골프장이 농경지를 잠식하고 있다.

잠 [蠶, 누에, silkworm]
식 [食, 먹다, eat]

- 어떤 대상이 서서히 영역을 넓혀 다른 것을 침범하거나, 조금씩 빼앗아 가는 현상을 말합니다.

잠식 蠶食　　　　Week 16

잠 [蠶, 누에, silkworm]: 벌레(虫) + 발음요소 참(朁) → 실을 뽑기 위해 기르는 곤충인 누에

- 양잠업 [養蠶業, 기를 양·업 업]: 누에를 키워 비단실을 얻는 산업.
- 잠실 [蠶室, 방 실]: 옛날에 왕실에서 누에를 기르던 방.
- 잠실동 [蠶室洞, 방 실·마을 동]: 조선 시대, 이곳에 누에를 기르는 방이 설치되면서 유래된 서울 송파구의 지명.

식 [食, 먹다, eat]: 음식을 담는 그릇을 본뜬 글자 → 밥, 먹다

- 음식 [飮食, 마실 음]: 사람이 먹고 마시는 모든 것.
- 과식 [過食, 지날 과]: 지나치게 많이 먹는 것.
- 식사 [食事, 일 사]: 밥을 먹는 일.

이 낱말, 뭐게?

Week 13-16

● **이름대기 퀴즈**
아래 설명을 읽고, 알맞은 어휘를 쓰세요.

1. 누에가 뽕잎을 조금씩 갉아먹듯, 점차 조금씩 먹어 들어감:
2. 기름으로 찍어낸 인쇄물, 또는 수업이나 행사 때 나눠 주는 자료:
3. 눈 깜짝할 사이에, 아무 예고 없이 갑자기:
4. 술을 마셔 술잔을 비움:

● **빈칸에 들어갈 어휘**
빈칸에 들어갈 알맞은 어휘를 쓰세요.

1. 졸업을 축하하며 모두가 함께 (　　　　　)를 외쳤다.
2. (　　　　　) 큰 소리가 나서 모두 놀랐다.
3. 교실에 오늘의 안내 사항이 담긴 (　　　　　)이 배부되었다.
4. 바닷물이 해안가를 서서히 (　　　　　)하고 있다.

● **한 글자 뜻 고르기**
괄호 안 글자의 뜻으로 알맞은 것을 고르세요.

1. '건배'에서 '배(杯)'는 무엇을 의미하나요?
　　A. 밥그릇　　B. 잔　　C. 물　　D. 마르다

2. '별안간'의 '별(瞥)'은 어떤 뜻인가요?
　　A. 눈　　B. 천천히　　C. 사이　　D. 깜짝이다

3. '유인물'의 '인(印)'은 무슨 뜻일까요?
　　A. 찍다　　B. 기름　　C. 색칠하다　　D. 종이

4. '잠식'의 '잠(蠶)'은 어떤 의미인가요?
　　A. 먹다　　B. 벌레　　C. 누에　　D. 입

● 정답: 151p

이 낱말, 엇갈렸네?!

Week 13-16

가로

1. 밥을 사서 먹는 곳.
2. 대형 기름통을 싣고 운반하는 차량.
3. 스스로 움직이는 생명체.
4. 돈 없이 물건과 물건을 직접 바꾸는 거래 방식.

세로

1. 음식 조리에 쓰는 식물성 기름.
2. 기름을 사용해 찍어낸 인쇄물.

정답: 153p

격추 擊墜

Week 17

격 [擊, 치다, strike]

격파, 격퇴, 공격

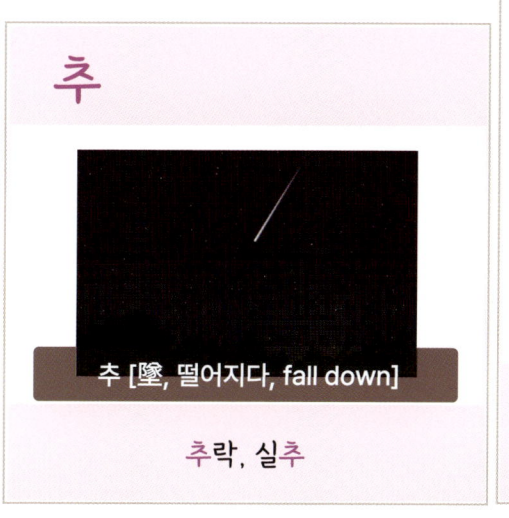

추 [墜, 떨어지다, fall down]

추락, 실추

격추 Shoot-down

하늘에 떠 있는 물체를 쏘아 맞춰 떨어뜨림.

예문: 전투기가 격추되어 땅으로 떨어졌다.

격 [擊, 치다, strike]
추 [墜, 떨어지다, fall down]

- 비행기나 미사일처럼 하늘을 나는 물체를 쏘아 떨어뜨리는 것을 말합니다.

격추 擊墜

Week 17

격 [擊, 치다, strike]: 전차(車) + 손(手) + 창(殳) → 무기를 들고 적을 치는 모습 → 세게 치다, 때리다

- 격파 [擊破, 깨뜨릴 파]: 힘껏 쳐서 부수거나 무찌름.
- 격퇴 [擊退, 물리칠 퇴]: 적을 쳐서 물리침.
- 공격 [攻擊, 칠 공]: 적을 향해 내달려 침.

추 [墜, 떨어지다, fall down]: 언덕 아래로 떨어지는 사람(隊) + 흙(土) → 사람이 땅으로 떨어지는 모습 → 떨어지다

- 추락 [墜落, 떨어질 락]: 높은 곳에서 아래로 떨어짐.
- 실추 [失墜, 잃을 실]: 명예나 신뢰를 잃거나 떨어뜨림.

미래 未來

Week 18

미 [未, 아니다, not yet]

미혼, 미숙, 미달

래 [來, 오다, come]

장래, 내일, 내년

미래 Future

아직 오지 않은 때.

예문: 인류의 미래의 모습은 어떨까?

미 [未, 아니다, not yet]
래 [來, 오다, come]

● 앞으로 다가올 시간이나, 그 안에서 일어날 일을 말합니다.

미래 未來

Week 18

미 [未, 아니다, not yet]: 덜 자란 나뭇가지를 본뜬 글자 → 아직 ~하지 않음
- 미혼 [未婚, 혼인할 혼]: 아직 결혼하지 않은 상태.
- 미숙 [未熟, 익을 숙]: 아직 익지 않음, 또는 경험이 부족한 상태.
- 미달 [未達, 이를 달]: 기준이나 목표에 아직 도달하지 못한 상태.

래 [來, 오다, come]: 곡식 이삭이 무르익어 수확할 때가 가까워진 모습을 본뜬 글자 → 오다, 다가오다
- 장래 [將來, 장차 장]: 앞으로 다가올 때.
- 내년 [來年, 해 년]: 다가올 해, 다음 해.
- 내일 [來日, 날 일]: 다가올 날, 오늘의 다음 날.

사이비 似而非

Week 19

사 [似, 닮다, resemble]
유사, 흡사, 근사치

이 [而, 말을 잇다, but/and]
화이부동, 학이시습

비 [非, 아니다, not]
비상, 비범, 비매품

사이비 — Pseudo-

겉보기에는 비슷하지만 실제로는 전혀 다른 것.

예문: 사이비 종교에 빠지면 판단력을 잃게 된다.

사 [似, 닮다, resemble]
이 [而, 말을 잇다, but/and]
비 [非, 아니다, not]

● 겉은 그럴듯해 보이나, 내용은 진짜가 아닌 가짜를 가리키는 말입니다.

사이비 似而非　　　　　Week 19

사 [似, 닮다, resemble]: 사람(亻) + 같음(以) → 사람의 모습이 서로 비슷함 → 닮다, 비슷하다

- 유사 [類似, 비슷할 유]: 서로 비슷함.
- 흡사 [恰似, 흡사할 흡]: 거의 같을 정도로 매우 비슷함.
- 근사치 [近似値, 가까울 근·값 치]: 실제 값과 아주 비슷한 수치.

이 [而, 말을 잇다, but/and]: 턱수염이 아래로 이어진 모습을 본뜬 글자 → 매끄럽게 이어짐 → 말을 잇다, 문장을 이어주는 말

- 화이부동 [和而不同, 화할 화·아닐 부·같을 동]: 조화롭게 지내지만, 생각까지 같지는 않음.
- 학이시습 [學而時習, 배울 학·때 시·익힐 습]: 배우고, 때때로 익히는 즐거움.

비 [非, 아니다, not]: 새의 날개가 엇갈린 모습을 본뜬 글자 → 아니다, 틀리다, 어긋나다

- 비상 [非常, 항상 상]: 보통이 아닌 긴급하거나 예외적인 상황.
- 비범 [非凡, 평범할 범]: 보통이 아님, 보통 수준보다 훨씬 뛰어남.
- 비매품 [非賣品, 팔 매·물건 품]: 판매하지 않는 물건.

양서류 兩棲類

Week 20

양서류 Amphibians

물과 육지, 두 환경에서 살아가는 동물의 한 종류.

예문: 개구리와 도롱뇽은 대표적인 **양서류**이다.

양 [兩, 둘, two]
서 [棲, 살다, live in]
류 [類, 무리/비슷하다, class/similar]

● 어릴 때는 물속에서 아가미로 숨 쉬며 살고, 성장하면 땅 위에서 폐로 숨 쉬는 특징이 있습니다.

양

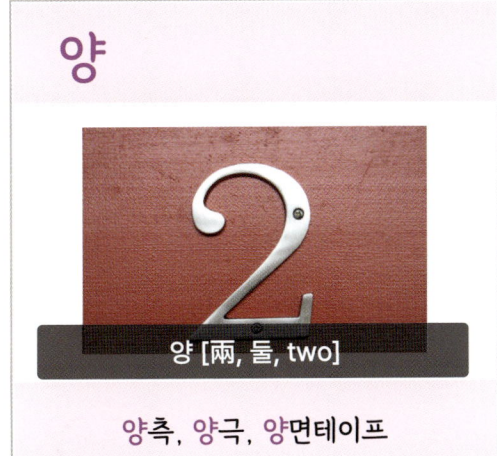

양 [兩, 둘, two]

양측, 양극, 양면테이프

서

서 [棲, 살다, live in]

서식지, 수서생물

류

류 [類, 무리/비슷하다, class/similar]

어류, 종류, 분류

양서류 兩棲類

Week 20

양 [兩, 둘, two]: 하나의 틀 안에 두 개가 나란히 놓인 모습을 본뜬 글자 → 둘, 두 개

- 양측 [兩側, 곁 측]: 두 개의 측면.
- 양극 [兩極, 끝 극]: 서로 반대되는 두 극단.
- 양면테이프 [兩面테이프, 겉부분 면]: 앞뒤 양쪽 모두에 접착면이 있는 테이프.

서 [棲, 살다, live in]: 나무(木) + 발음요소 처(妻) → 동물이 나무에 깃들어 사는 모습에서 유래 → 깃들다, 살다

- 서식지 [棲息地, 쉴 식·땅 지]: 동식물이 깃들어 살아가는 장소.
- 수서생물 [水棲生物, 물 수·날 생·물건 물]: 물속에서 사는 생물.

류 [類, 무리/비슷하다, class/similar]: 개(犬) + 비슷한 머리들이 나열된 모습(頪) → 비슷한 것들이 모여 있는 무리 → 무리, 비슷한

- 어류 [魚類, 물고기 어]: 물고기에 속하는 생물 무리.
- 종류 [種類, 씨 종]: 비슷한 성질을 가진 갈래.
- 분류 [分類, 나눌 분]: 비슷한 것들끼리 나누어 묶음.

이 낱말, 뭐게?

Week 17-20

● **이름대기 퀴즈**
아래 설명을 읽고, 알맞은 어휘를 쓰세요.

1. 하늘에 떠 있는 물체를 쏘아 맞춰 떨어뜨림:
2. 아직 오지 않은 때, 앞으로 다가올 시간이나 일:
3. 겉보기에는 비슷하지만 실제로는 전혀 다른 것:
4. 물과 육지, 두 환경에서 살아가는 동물의 한 종류.:

● **빈칸에 들어갈 어휘**
빈칸에 들어갈 알맞은 어휘를 쓰세요.

1. 그 단체는 겉보기에는 종교 같았지만, 실상은 (　　　　)였다.
2. 아이들은 더 나은 (　　　　)를 위해 열심히 공부한다.
3. 전투기 한 대가 적의 공격에 의해 (　　　　)되었다.
4. 도롱뇽과 개구리는 대표적인 (　　　　)이다.

● **한 글자 뜻 고르기**
괄호 안 글자의 뜻으로 알맞은 것을 고르세요.

1. '격추'에서 '추(墜)'는 어떤 뜻인가요?
　　A. 오르다　　B. 떨어지다　　C. 숨다　　D. 치다

2. '미래'의 '미(未)'는 무엇을 의미하나요?
　　A. 아직　　B. 먼 곳　　C. 아니다　　D. 젊음

3. '사이비'의 '사(似)'는 어떤 뜻인가요?
　　A. 다르다　　B. 의심　　C. 비슷하다　　D. 숨기다

4. '양서류'의 '서(棲)'는 어떤 의미인가요?
　　A. 숨다　　B. 자라다　　C. 살다　　D. 뛰다

● 정답: 161p

이 낱말, 엇갈렸네?!

Week 17-20

가로

1. 겉보기에는 비슷하지만 실제로는 전혀 다른 것.
2. 보통이 아님, 보통 수준보다 훨씬 뛰어남.

세로

1. 실제 값과 아주 비슷한 수치.
2. 판매하지 않는 물건.
3. 흔하고 일반적인 상태.

● 정답: 153p

결과 結果

Week 21

결 [結, 맺다, knot]

결실, 결로, 결절

과 [果, 열매, fruit]

과실, 과즙, 성과

결과 Result

열매를 맺음, 또는 어떤 원인에 따라 생기는 성과.

예문: 열심히 공부한 결과, 좋은 성적을 받았다.

결 [結, 맺다, knot]
과 [果, 열매, fruit]

- 씨앗을 심으면 나무가 자라 열매를 맺듯, 어떤 원인에 따라 나타나는 끝맺음이나 성과를 말합니다.

결과 結果

Week 21

결 [結, 맺다, knot]: 실(糸) + 발음요소 길(吉) → 실로 묶다 → 묶다, 뭉치다, 맺다

- 결실 [結實, 열매 실]: 노력 끝에 맺는 좋은 열매나 성과.
- 결로 [結露, 이슬 로]: 수증기가 모여 이슬처럼 맺히는 현상.
- 결절 [結節, 마디 절]: 몸속 조직이 마디처럼 뭉친 작은 덩어리.

과 [果, 열매, fruit]: 나무(木) + 열매(田) → 나무에 맺힌 열매 → 열매, 어떤 일의 끝에 얻는 것

- 과실 [果實, 열매 실]: 나무에 맺힌 열매.
- 과즙 [果汁, 즙 즙]: 과일에서 짜낸 즙.
- 성과 [成果, 이룰 성]: 어떤 일의 결과로 얻은 좋은 열매.

박빙 薄氷

Week 22

박 [薄, 엷다/얇다, slight/thin]

희박, 천박, 박봉

빙 [氷, 얼음, ice]

빙하, 빙판, 내빙고

박빙 Nail-biter

살짝 언 얇은 얼음처럼, 승부가 아주 작은 차이로 갈리는 상황.

예문: 결승전은 정말 박빙이었다.

박 [薄, 엷다/얇다, slight/thin]
빙 [氷, 얼음, ice]

● 아주 작은 차이로 승패나 결과가 갈리는 아슬아슬한 상황을 비유적으로 이르는 말입니다.

박빙 薄氷

Week 22

박 [薄, 엷다/얇다, slight/thin]: 풀(艹) + 넓게 퍼지다(溥) → 풀잎처럼 얇고 옅은 상태 → 엷다, 얇다

- 희박 [稀薄, 드물 희]: 밀도나 농도가 옅고 드문 상태.
- 천박 [淺薄, 얕을 천]: 생각이나 인품이 얕고 깊지 못한 상태.
- 박봉 [薄俸, 녹 봉]: 매우 적은 봉급.

빙 [氷, 얼음, ice]: 물(水) + 얼어붙은 모양(冫) → 얼음

- 빙하 [氷河, 물 하]: 흘러내리는 거대한 얼음 덩어리.
- 빙판 [氷板, 널빤지 판]: 얼음으로 미끄럽게 된 길이나 바닥.
- 내빙고 [耐氷庫, 견딜 내·창고 고]: 조선 시대 왕실에서 얼음을 보관하던 창고.

용수철 龍鬚鐵

Week 23

용 [龍, 용, dragon]

용궁, 공룡, 청룡

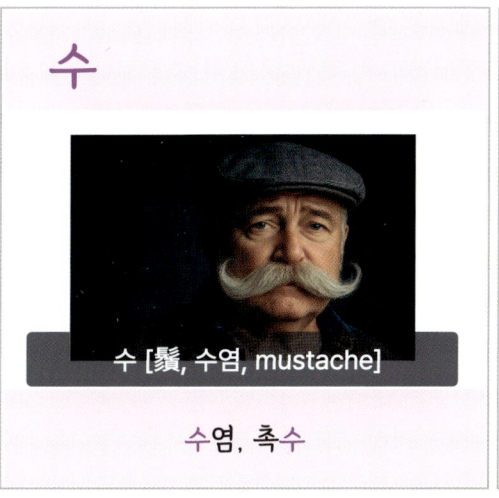

수 [鬚, 수염, mustache]

수염, 촉수

철 [鐵, 쇠, iron]

철사, 철조망, 철면피

용수철
Spring

용의 수염처럼 나선형으로 감긴 쇠줄.

예문: 침대 매트리스 안에는 용수철이 있다.

용 [龍, 용, dragon]
수 [鬚, 수염, mustache]
철 [鐵, 쇠, iron]

● 눌리면 탄성으로 다시 튀어나오는 성질이 있어, 장난감이나 침대, 문 닫힘 장치 등에 쓰입니다.

용수철 龍鬚鐵　　　　　Week 23

용 [龍, 용, dragon]: 상상의 동물인 용의 몸통, 뿔, 발톱, 꼬리 등을 본뜬 글자 → 용

- 용궁 [龍宮, 궁궐 궁]: 바닷속 용이 사는 신비한 궁전.
- 공룡 [恐龍, 두려울 공]: 무서운 용이라는 뜻, 멸종한 거대한 파충류.
- 청룡 [靑龍, 푸를 청]: 푸른 용.

수 [鬚, 수염, mustache]: 긴 털(髟) + 턱수염(須) → 턱이나 얼굴에 난 길고 가는 털

- 수염 [鬚髥, 구렛나루 염]: 턱이나 입 주변에 자라는 털.
- 촉수 [觸鬚, 닿을 촉]: 곤충이나 갑각류 입 주변의 수염처럼 생긴 감각 기관.

철 [鐵, 쇠, iron]: 쇠(金) + 발음요소 철() → 단단하고 강한 금속 → 쇠

- 철사 [鐵絲, 실 사]: 가늘게 만든 쇠줄.
- 철조망 [鐵條網, 나뭇가지 조·그물 망]: 쇠줄을 엮어 만든 그물망.
- 철면피 [鐵面皮, 얼굴 면·가죽 피]: 쇠처럼 두꺼운 얼굴가죽, 매우 뻔뻔한 사람을 비유하는 표현.

채근 採根

Week 24

채

채 [採, 캐다/모으다, dig/gather]

채집, 채취, 채혈

근

근 [根, 뿌리, root]

연근, 모근, 근본

채근
Root Digging

뿌리를 캐내듯, 어떤 일의 원인이나 시작점을 알아냄.

예문: 지금까지 채근을 해 본 바, 그는 이 사건과 무관하다.

채 [採, 캐다/모으다, dig/gather]
근 [根, 뿌리, root]

● 어떤 사람에게 일을 서두르도록 자꾸 재촉하는 것을 뜻하기도 합니다.

채근 採根

Week 24

채 [採, 캐다/모으다, dig/gather]: 손(手) + 열매를 따는 모습(采) → 따다, 캐다, 모으다

- 채집 [採集, 모을 집]: 필요한 것을 찾아다니며 얻거나 모으는 일.
- 채취 [採取, 가질 취]: 식물이나 광물 등을 캐거나 베어 얻는 일.
- 채혈 [採血, 피 혈]: 피를 뽑는 행위.

근 [根, 뿌리, root]: 나무(木) + 아래를 향한 시선(艮) → 나무뿌리를 바라보는 모습 → 뿌리, 기초

- 연근 [蓮根, 연꽃 연]: 연꽃의 뿌리.
- 모근 [毛根, 털 모]: 털의 뿌리 부분.
- 근본 [根本, 근본 본]: 뿌리처럼 가장 바탕이 되는 것.

이 낱말, 뭐게?

Week 21-24

- **이름대기 퀴즈**

아래 설명을 읽고, 알맞은 어휘를 쓰세요.

1. 열매를 맺음, 또는 어떤 원인에 따라 생기는 성과:
2. 살짝 언 얇은 얼음처럼, 승부가 아주 작은 차이로 갈리는 상황:
3. 용의 수염처럼 나선형으로 감긴 쇠줄:
4. 뿌리를 캐내듯, 어떤 일의 원인이나 시작점을 알아냄:

- **빈칸에 들어갈 어휘**

빈칸에 들어갈 알맞은 어휘를 쓰세요.

1. 팀의 점수 차는 단 1점, 정말 (　　　　)의 승부였다.
2. 열심히 노력한 만큼 좋은 (　　　　)가 따라왔다.
3. 친구는 내가 화난 이유를 (　　　　)했지만, 나는 말하고 싶지 않았다.
4. 장난감 자동차 안에는 작은 (　　　　)이 들어 있다.

- **한 글자 뜻 고르기**

괄호 안 글자의 뜻으로 알맞은 것을 고르세요.

1. '결과'에서 '과(果)'는 무엇을 의미하나요?
   A. 열매   B. 맺다   C. 끝   D. 원인

2. '박빙'의 '박(薄)'은 어떤 뜻인가요?
   A. 눈   B. 얼음   C. 얇다   D. 겨울

3. '용수철'의 '용(龍)'은 무슨 의미인가요?
   A. 날다   B. 용   C. 감기다   D. 쇠

4. '채근'의 '채(採)'는 어떤 뜻인가요?
   A. 심다   B. 캐다   C. 꾸짖다   D. 뿌리

● 정답: 151p

이 낱말, 엇갈렸네?!

Week 21-24

가로

1. 용의 수염처럼 나선형으로 감긴 쇠줄.
2. 쇠처럼 두꺼운 얼굴가죽, 매우 뻔뻔한 사람을 비유하는 표현.

세로

1. 바닷속 용이 사는 신비한 궁전.
2. 쇠줄을 엮어 만든 그물망.
3. 곤충이나 갑각류 입 주변의 수염처럼 생긴 감각 기관.
4. 얼굴을 가리기 위해 덮어 쓰는 천.

정답: 153p

고고학 考古學

Week 25

고고학 Archaeology

옛 물건을 통해 옛사람들의 삶을 살펴보고 알아보는 학문.

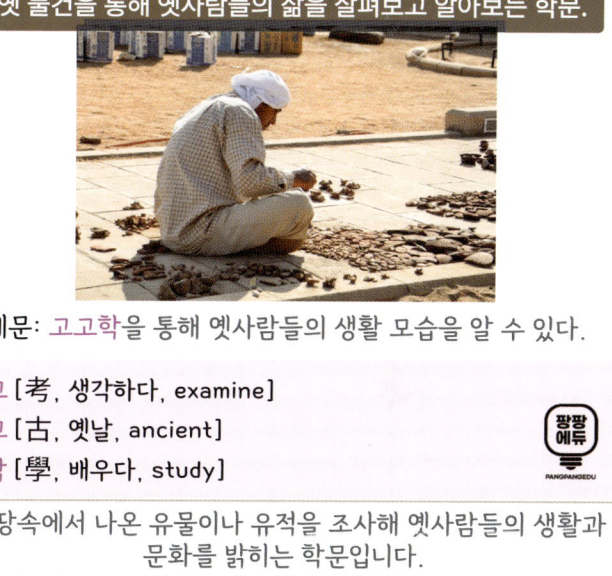

예문: 고고학을 통해 옛사람들의 생활 모습을 알 수 있다.

고 [考, 생각하다, examine]
고 [古, 옛날, ancient]
학 [學, 배우다, study]

● 땅속에서 나온 유물이나 유적을 조사해 옛사람들의 생활과 문화를 밝히는 학문입니다.

고 [考, 생각하다, examine]

고려, 참고, 사고력

고 [古, 옛날, ancient]

고대, 고서, 고물

학 [學, 배우다, study]

학습, 견학, 유학

고고학 考古學

Week 25

고 [考, 생각하다, examine]: 노인(老) + 발음요소 교(丂) → 깊이 생각하는 지혜로운 노인 → 생각하다, 헤아리다

- 고려 [考慮, 헤아릴 려]: 깊이 생각하고 따짐.
- 참고 [參考, 참여할 참]: 다른 자료를 함께 보며 생각함.
- 사고력 [思考力, 생각할 사·힘 력]: 생각하고 판단하는 힘.

고 [古, 옛날, ancient]: 십(十) + 입(口) → 열 번이나 입으로 전해진 오래된 이야기 → 옛날, 오래됨

- 고대 [古代, 시대 대]: 아주 오래 전의 시대.
- 고서 [古書, 책 서]: 오래된 책.
- 고물 [古物, 물건 물]: 오래되거나 낡은 물건.

학 [學, 배우다, study]: 손(臼) + 책(爻) + 지붕(冖) + 아이(子) → 지붕 아래에서 아이가 손에 책을 들고 배우는 모습 → 배우다, 익히다

- 학습 [學習, 익힐 습]: 배우고 익힘.
- 견학 [見學, 볼 견]: 현장을 보며 배우는 것.
- 유학 [留學, 머무를 유]: 외국에 머물며 공부함.

유람선 遊覽船

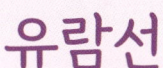

Week 26

유 [遊, 놀다/떠돌다, play/wander]

유원지, 유목민, 몽유병

람 [覽, 둘러보다, look around]

관람객, 열람실, 박람회

선 [船, 배, ship]

선박, 어선, 풍선

유람선   Cruise Ship

경치를 둘러보며 돌아다닐 수 있도록 만든 배.

예문: 유람선을 타고 섬 주위를 구경했다.

유 [遊, 놀다/떠돌다, play/wander]
람 [覽, 둘러보다, look around]
선 [船, 배, ship]

● 아름다운 풍경을 감상하며 천천히 돌아다닐 수 있도록 만든 배입니다.

유람선 遊覽船　　　Week 26

유 [遊, 놀다/떠돌다, play/wander]: 깃발 아래에서 아이가 노는 모습(斿) + 길을 따라 걷는 모습(辶) → 놀다, 떠돌다

- 유원지 [遊園地, 동산 원·땅 지]: 사람들이 놀고 쉴 수 있는 공원.
- 유목민 [遊牧民, 기를 목·백성 민]: 가축을 키우며 풀을 따라 떠돌아다니는 사람들.
- 몽유병 [夢遊病, 꿈 몽·병 병]: 자면서 무의식중에 돌아다니는 병.

람 [覽, 둘러보다, look around]: 살피다(監) + 눈(見) → 눈으로 이리저리 살피는 모습 → 둘러보다, 자세히 보다

- 관람객 [觀覽客, 볼 관·손님 객]: 공연이나 전시를 구경하러 온 사람.
- 열람실 [閱覽室, 펼 열·방 실]: 책이나 자료를 펼쳐 살펴보는 공간.
- 박람회 [博覽會, 넓을 박·모임 회]: 다양한 물품이나 정보를 모아 보여주는 큰 행사.

선 [船, 배, ship]: 작은 배(舟) + 발음요소 연(㕣) → 나룻배 모양에서 유래한 글자 → 배, 뜨다

- 선박 [船舶, 배 박]: 사람이나 짐을 나르는 모든 배.
- 어선 [漁船, 고기 잡을 어]: 물고기 잡는 데 사용하는 배.
- 풍선 [風船, 바람 풍]: 공기나 가스를 넣어 띄우는 고무주머니.

재래 在來

Week 27

재 [在, 있다, be/exist]

재외, 재직, 부재

래 [來, 오다, come]

전래, 외래, 내년

재래 — Traditional

예전부터 계속 있어 온 상태나 방식.

예문: 역시 재래식 된장 맛이 최고다.

재 [在, 있다, be/exist]
래 [來, 오다, come]

- 오래전부터 전해 내려와 지금까지 이어지는 방식이나 물건을 뜻하며, 주로 전통적인 것에 쓰입니다.

재래 在來　　　　　　　　　　Week 27

재 [在, 있다, be/exist]: 새싹(才) + 땅(土) → 땅에 뿌리내린 새싹 → 있다

- 재외 [在外, 바깥 외]: 외국이나 집 밖에 머무름.
- 재직 [在職, 직업 직]: 직위나 직책에 있음.
- 부재 [不在, 아닐 부]: 자리에 있지 않음.

래 [來, 오다, come]: 곡식 이삭이 무르익어 수확할 때가 가까워진 모습을 본뜬 글자 → 오다, 다가오다

- 전래 [傳來, 전할 전]: 전해져 내려옴.
- 외래 [外來, 바깥 외]: 외국에서 들어옴.
- 내년 [來年, 해 년]: 다가올 해, 다음 해.

추호 秋毫

Week 28

추 [秋, 가을, fall]

추석, 추수, 추풍낙엽

호 [毫, 가는 털, fine hair]

호침, 호발

추호 — A Shred of

가을철 짐승 털처럼 아주 작고 미세한 것.

예문: 내 마음속엔 추호의 의심도 없다.

추 [秋, 가을, fall]
호 [毫, 가는 털, fine hair]

- 너무 작고 미세해서 거의 없는 것이나 다름없는 정도를 뜻하는 말입니다.

추호 秋毫　　　　　　　　　　　　　　　　　　　　Week 28

추 [秋, 가을, fall]: 곡식(禾) + 불(火) → 수확을 마친 들판을 불로 태워 정리하는 모습 → **가을**

- 추석 [秋夕, 저녁 석]: 가을 저녁, 음력 8월 15일의 명절.
- 추수 [秋收, 거둘 수]: 가을에 곡식을 수확함.
- 추풍낙엽 [秋風落葉, 바람 풍·떨어질 낙·잎 엽]: 가을바람에 낙엽 지듯, 힘이 빠지고 쓸쓸한 모습.

호 [毫, 가는 털, fine hair]: 털(毛) + 발음요소 고(高) → **아주 작고 미세한 것**

- 호침 [毫針, 바늘 침]: 털처럼 가는 아주 얇은 침.
- 호발 [毫髮, 털 발]: 털 한 올처럼 극히 작거나 미세한 것.

이 낱말, 뭐게?

Week 25-28

● **이름대기 퀴즈**

아래 설명을 읽고, 알맞은 어휘를 쓰세요.

1. 옛 물건을 통해 옛사람들의 삶을 살펴보고 알아보는 학문:
2. 경치를 둘러보며 돌아다닐 수 있도록 만든 배:
3. 예전부터 계속 있어 온 상태나 방식:
4. 가을철 짐승 털처럼 아주 작고 미세한 것:

● **빈칸에 들어갈 어휘**

빈칸에 들어갈 알맞은 어휘를 쓰세요.

1. 나는 그 일에 대해 (   )의 거짓도 없다.
2. 우리는 (   )을 타고 강을 따라 경치를 감상했다.
3. 그는 (   )을 공부하며 고대 유적을 발굴하는 일을 했다.
4. 시골 할머니 댁에는 아직도 (   )식 화장실이 있다.

● **한 글자 뜻 고르기**

괄호 안 글자의 뜻으로 알맞은 것을 고르세요.

1. '고고학'에서 '고(考)'는 무엇을 의미하나요?

    A. 높다　　B. 옛날　　C. 생각하다　　D. 크다

2. '유람선'의 '람(覽)'은 어떤 뜻인가요?

    A. 놀다　　B. 타다　　C. 보다　　D. 돌아다니다

3. '재래'의 '재(在)'는 무슨 뜻일까요?

    A. 있다　　B. 오다　　C. 오래되다　　D. 다시

4. '추호'의 '추(秋)'는 어떤 의미인가요?

    A. 가을　　B. 작다　　C. 조금　　D. 털

● 정답: 151p

이 낱말, 엇갈렸네?!

Week 25-28

가로

1. 가축을 키우며 풀을 따라 떠돌아다니는 사람들.
2. 공기나 가스를 넣어 띄우는 고무주머니.

세로

1. 경치를 둘러보며 돌아다닐 수 있도록 만든 배.
2. 사람이나 짐을 나르는 모든 배.
3. 가축을 들판에 풀어 자유롭게 기르는 것.

정답: 153p

고막 鼓膜

Week 29

고

고 [鼓, 북/두드리다, drum]

소고, 신문고, 고적대

막

막 [膜, 꺼풀, membrane]

각막, 복막, 점막

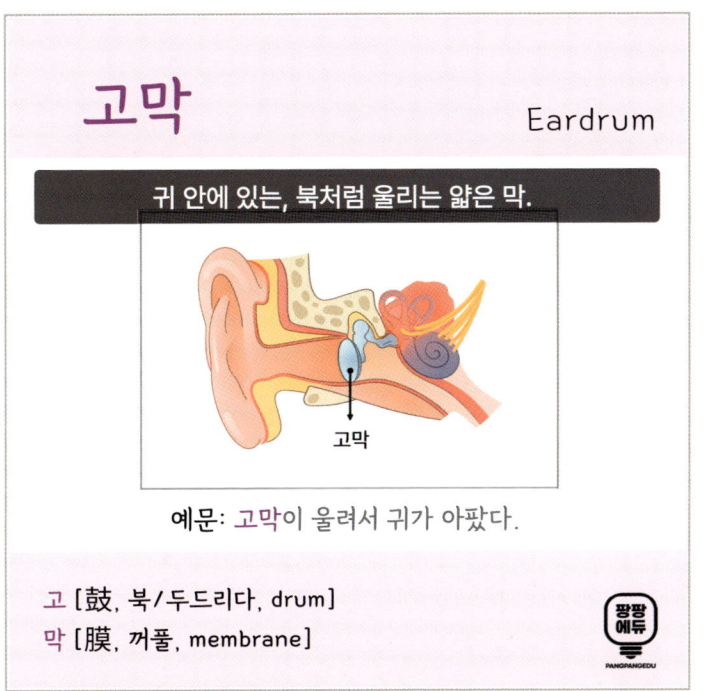

고막 — Eardrum

귀 안에 있는, 북처럼 울리는 얇은 막.

예문: 고막이 울려서 귀가 아팠다.

고 [鼓, 북/두드리다, drum]
막 [膜, 꺼풀, membrane]

- 타원형의 반투명한 막으로, 공기의 진동을 속귀로 전달해 들을 수 있도록 해 줍니다.

고막 鼓膜

Week 29

고 [鼓, 북/두드리다, drum]: 북(壴) + 북채(支) → 북을 두드리는 모습 → 북, 두드리다

- 소고 [小鼓, 작을 소]: 손에 들고 치는 작은 북.
- 신문고 [申聞鼓, 알릴 신·들을 문]: 억울함을 알릴 때 백성이 쳤던 북.
- 고적대 [鼓笛隊, 피리 적·무리 대]: 북과 피리를 연주하며 행진하는 무리.

막 [膜, 꺼풀, membrane]: 신체 부위(月) + 덮다(莫) → 신체부위를 덮고 있는 부드럽고 얇은 층 → 꺼풀

- 각막 [角膜, 뿔 각]: 눈알의 앞부분을 덮는 투명한 꺼풀.
- 복막 [腹膜, 배 복]: 배 속 장기를 감싸는 얇은 꺼풀.
- 점막 [粘膜, 끈끈할 점]: 입, 코 등 내부를 덮고 있는 끈끈한 꺼풀.

비범 非凡

Week 30

비 [非, 아니다, not]

비수기, 비매품, 비정상

범 [凡, 보통, ordinary]

평범, 범재, 범상

비범 Extraordinary

보통이 아님, 또는 보통보다 훨씬 뛰어남.

예문: 그는 수학에 비범한 재능을 보였다.

비 [非, 아니다, not]
범 [凡, 보통, ordinary]

- 일반적인 수준을 훨씬 뛰어넘는 뛰어난 상태를 이르는 말입니다.

비범 非凡

Week 30

비 **[非, 아니다, not]**: 새의 날개가 엇갈린 모습을 본뜬 글자 → 아니다, 틀리다, 어긋나다

- 비수기 [需期, 수요 수·기약할 기]: 수요가 없는 시기.
- 비매품 [賣品, 팔 매·물건 품]: 판매하지 않는 물건.
- 비정상 [非正常, 바를 정·항상 상]: 정상적이지 않은 상태.

범 **[凡, 보통, ordinary]**: 평평하게 펼쳐진 물결 모양에서 유래 → 눈에 띄지 않는 잔잔한 모습 → 보통, 일반

- 평범 [平凡, 평평할 평]: 흔하고 일반적인 상태.
- 범재 [凡才, 재주 재]: 평범한 재능.
- 범상 [凡常, 항상 상]: 특별할 것 없는 평범한 상태.

유인원 類人猿

Week 31

유 [類, 무리/비슷하다, class/similar]

유사, 유추, 종류

인 [人, 사람, human]

인간, 개인, 미인

원 [猿, 원숭이, monkey]

견원지간

유인원   Ape

사람과 가장 비슷한 원숭잇과 동물.

예문: 고릴라와 침팬지는 유인원에 속합니다.

유 [類, 무리/비슷하다, class/similar]
인 [人, 사람, human]
물 [物, 물건, thing]

● 생김새뿐 아니라, 행동이나 도구 사용 면에서도 사람을 닮은 동물입니다.

유인원 類人猿　　　Week 31

유 [類, 무리/비슷하다, class/similar]: 개(犬) + 비슷한 머리들이 나열된 모습(頪) → 비슷한 것들이 모여 있는 무리 → 무리, 비슷한

- 유사 [類似, 닮을 사]: 서로 비슷함.
- 유추 [類推, 밀 추]: 비슷한 점을 보고 다른 것도 그럴 거라 짐작함.
- 종류 [種類, 씨 종]: 비슷한 성질을 가진 갈래.

인 [人, 사람, human]: 두 발로 선 사람의 모습을 본뜬 글자 → 사람

- 인간 [人間, 사이 간]: 함께 어울려 사회를 이루며 살아가는 사람.
- 개인 [個人, 낱 개]: 하나하나 따로 존재하는 사람.
- 미인 [美人, 아름다울 미]: 얼굴이나 모습이 아름다운 사람.

원 [猿, 원숭이, monkey]: 동물(犭) + 발음요소 원(袁) → 동물 중 원숭이를 나타냄 → 원숭이

- 견원지간 [犬猿之間, 개 견·사이 간]: 개와 원숭이처럼 사이가 매우 나쁜 관계를 비유적으로 이르는 말.

훼손 毁損

Week 32

훼

훼 [毁, 부수다, destroy]

훼방, 폄훼

손

손 [損, 덜다/잃다, reduce/lose]

손해, 손상, 파손

훼손 Damage

헐거나 깨뜨려 못 쓰게 함.

예문: 관람객의 부주의로 문화재가 훼손되었다.

훼 [毁, 부수다, destroy]
손 [損, 덜다/잃다, reduce/lose]

- 물건이 망가지는 상황뿐 아니라, 체면이나 명예가 깎이는 경우에도 사용됩니다.

훼손 毁損

Week 32

 [毁, 부수다, destroy]: 치다(殳) + 발음요소 훼(毀)의 생략형 → 때려 부수는 모습 → 부수다, 망치다

- 훼방 [毀謗, 헐뜯을 방]: 남을 헐뜯어 일이나 행동을 방해하거나 망침.
- 폄훼 [貶毀, 깎을 폄]: 남을 낮게 평가하고 헐뜯어 가치를 떨어뜨림.

 [損, 덜다/잃다, reduce/lose]: 손(手) + 수량(員) → 수량을 덜어내거나 줄이는 모습 → 줄다, 잃다

- 손해 [損害, 해칠 해]: 재산이나 이익이 줄어드는 피해.
- 손상 [損傷, 다칠 상]: 다치거나 상하여 원래의 가치나 기능이 줄어든 상태.
- 파손 [破損, 깨뜨릴 파]: 물건이 깨지거나 부서져 본래의 가치나 기능을 잃은 상태.

이 낱말, 뭐게?

Week 29-32

● **이름대기 퀴즈**
아래 설명을 읽고, 알맞은 어휘를 쓰세요.

1. 사람과 가장 비슷한 원숭잇과 동물:
2. 보통이 아님, 또는 보통보다 훨씬 뛰어남:
3. 귀 안에 있는, 북처럼 울리는 얇은 막:
4. 헐거나 깨뜨려 못 쓰게 함:

● **빈칸에 들어갈 어휘**
빈칸에 들어갈 알맞은 어휘를 쓰세요.

1. 그는 문화재를 고의로 (　　　　)한 혐의를 받았다.
2. 그녀는 어린 나이에도 (　　　　)한 재능을 보였다.
3. 침팬지와 고릴라는 대표적인 (　　　　)이다.
4. 큰 소리 때문에 (　　　　)이 울려 귀가 아팠다.

● **한 글자 뜻 고르기**
괄호 안 글자의 뜻으로 알맞은 것을 고르세요.

1. '고막'의 '막(膜)'은 어떤 의미인가요?
　　A. 두드리다　B. 근육　C. 북　D. 얇은 꺼풀

2. '비범'의 '범(凡)'은 무엇을 뜻하나요?
　　A. 뛰어남　B. 평범함　C. 특별함　D. 아니다

3. '유인원'에서 '유(類)'는 어떤 뜻인가요?
　　A. 모이다　B. 비슷하다　C. 사람　D. 원숭이

4. '훼손'의 '훼(毁)'는 무슨 의미인가요?
　　A. 부수다　B. 감추다　C. 없애다　D. 잃다

● 정답: 152p

이 낱말, 엇갈렸네?!

Week 29-32

가로

1. 비슷한 점을 보고 다른 것도 그럴 거라 짐작함.
2. 개와 원숭이처럼 사이가 매우 나쁜 관계를 비유적으로 이르는 말

세로

1. 사람과 가장 비슷한 원숭잇과 동물.
2. 식사 사이에 먹는 음식.

정답: 154p

과수원 果樹園

Week 33

과	수	원

과 [果, 열매, fruit]	수 [樹, 나무, tree]	원 [園, 동산, growing area]
가로등, 가판대, 번화가	수목원, 침엽수, 가로수	화원, 동물원, 유치원

과수원   Orchard

열매가 열리는 나무를 심고 가꾸는 밭.

예문: 나는 내일 소풍으로 과수원에 간다.

과 [果, 열매, fruit]
수 [樹, 나무, tree]
원 [園, 동산, growing area]

● 사과, 배, 복숭아처럼 열매를 수확하기 위해 나무를 모아 심고 돌보는 장소입니다.

과수원 果樹園

Week 33

과 [果, 열매, fruit]: 나무(木) + 열매모양(田) → 나무에 맺힌 열매 → 열매, 어떤 일의 끝에 얻는 것
- 과실 [果實, 열매 실]: 나무에 맺힌 열매.
- 과즙 [果汁, 즙 즙]: 과일에서 짜낸 즙.
- 견과류 [堅果類, 굳을 견·무리 류]: 껍질이 단단한 열매의 종류.

수 [樹, 나무, tree]: 나무(木) + 심다(尌) → 사람이 심어 가꾼 나무, 큰 나무
- 수목원 [樹木園, 나무 목·동산 원]: 여러 종류의 나무를 모아 기르고 가꾸는 공간.
- 침엽수 [針葉樹, 바늘 침·잎 엽]: 바늘 모양의 잎을 가진 나무.
- 가로수 [街路樹, 거리 가·길 로]: 도로변에 줄지어 심은 나무.

원 [園, 동산/밭, growing area]: 울타리(囗) + 넓은 땅(袁) → 울타리로 둘러싸인 넓은 땅 → 가꾸고 기르는 공간
- 화원 [花園, 꽃 화]: 꽃을 심고 가꾸는 공간.
- 동물원 [動物園, 움직일 동·물건 물]: 동물을 기르며 사람들이 볼 수 있게 한 공간.
- 유치원 [幼稚園, 어릴 유·어릴 치]: 어린아이들을 교육하고 돌보는 곳.

비약 飛躍

Week 34

비

비 [飛, 날다, fly]

비행기, 비상, 오비이락

약

약 [躍, 높이 뛰어오르다, leap]

도약, 활약, 약진

비약

Leap

높이 날듯이 뛰어오름, 또는 지위나 수준이 빠르게 오름.

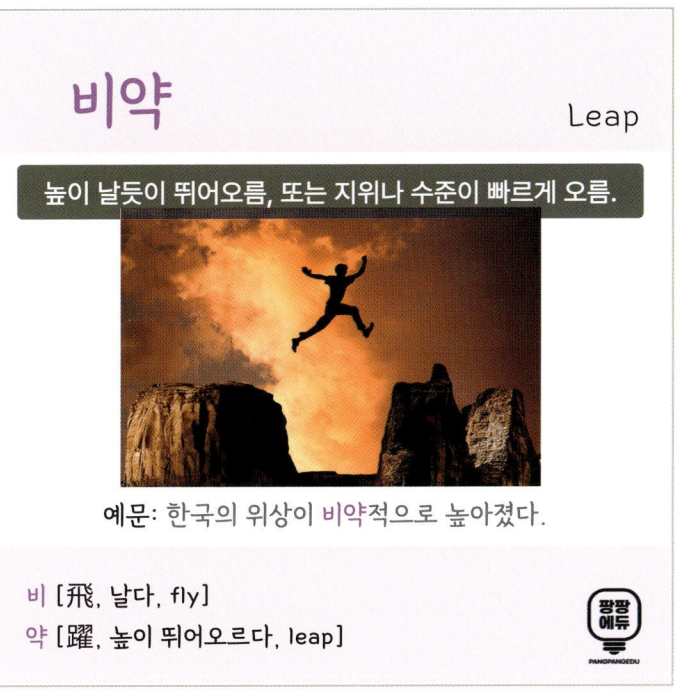

예문: 한국의 위상이 비약적으로 높아졌다.

비 [飛, 날다, fly]
약 [躍, 높이 뛰어오르다, leap]

● 말이나 생각이 논리의 순서를 건너뛰는 경우도 논리의 비약이라고 합니다.

비약 飛躍

Week 34

비 [飛, 날다, fly]: 날개를 펴고 나는 새를 본떠 만든 글자 → 날다, 날아오르다

- 비행기 [飛行機, 다닐 행·기계 기]: 하늘을 날아 사람이나 물건을 실어 나르는 기계.
- 비상 [飛上, 윗 상]: 공중으로 날아오름.
- 오비이락 [烏飛梨落, 까마귀 오·배 이·떨어질 락]: 까마귀 날자 배 떨어짐, 우연한 일로 오해를 사는 일.

약 [躍, 뛰다, leap]: 발(足) + 깃털 달린 새(翟) → 새가 높이 뛰어오르는 모습 → 뛰다, 솟아오르다

- 도약 [跳躍, 뛸 도]: 힘차게 위로 뛰어오름, 또는 더 높은 단계로 발전함.
- 활약 [活躍, 살 활]: 기운차게 뛰어다님.
- 약진 [躍進, 나아갈 진]: 힘차게 앞으로 뛰어 나아감, 또는 빠른 성장이나 진보.

엽기 獵奇

Week 35

엽 [獵, 사냥하다/쫓다, hunt/chase]

엽총, 수렵, 섭렵

기 [奇, 이상한, strange]

기적, 기이, 호기심

엽기 — Bizarre

이상하고 괴상한 것을 찾아다니며 흥미를 느끼는 태도.

예문: 그 사람은 엽기적인 사진만 찍는다.

엽 [獵, 사냥하다/쫓다, hunt/chase]
기 [奇, 이상한, strange]

- 보통 사람들이 꺼리는 괴상하고 기이한 것을 일부러 찾아보고 즐기는 행동이나 취향을 말합니다.

엽기 獵奇

Week 35

엽 [獵, 사냥하다/찾다, hunt/search]: 개(犭) + 갈기(鼠) → 말을 타고 개와 함께 사냥하는 모습 → 사냥하다, 찾다

- 엽총 [獵銃, 총 총]: 사냥용 총
- 수렵 [狩獵, 사냥 수]: 짐승을 사냥하는 활동.
- 섭렵 [涉獵, 건널 섭]: 물가를 건너다니며 사냥하듯, 여러 분야를 넘나들며 두루 익히고 경험함.

기 [奇, 이상한, strange]: 눈에 띄게 큰 모습(大) + 발음요소 가(可) → 남들과 다른 낯선 모습 → 이상하다, 놀랍다, 새롭다

- 기적 [奇蹟, 자취 적]: 상식으로 설명할 수 없는 놀라운 일.
- 기이 [奇異, 다를 이]: 낯설고 이상한 모습.
- 호기심 [好奇心, 좋아할 호·마음 심]: 이상하거나 새로운 것에 끌리는 마음.

혁신 革新

Week 36

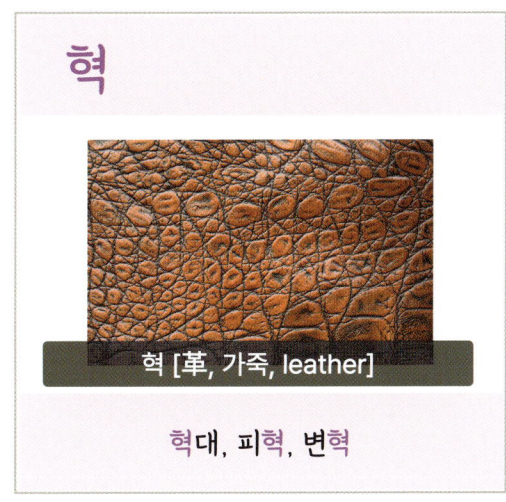

혁 [革, 가죽, leather]

혁대, 피혁, 변혁

신 [新, 새롭게 하다, renew]

참신, 갱신, 신문

혁신 Innovation

가죽을 고쳐 새 물건을 만들 듯, 기존 것을 고쳐 새롭게 함.

예문: 혁신적인 기술을 세상을 바꿔놓는다.

혁 [革, 가죽, leather]
신 [新, 새롭게 하다, renew]

● 이전의 방식이나 구조를 근본적으로 바꾸어, 더 나은 방향으로 새롭게 바꾸는 일을 말합니다.

혁신 革新

Week 36

혁 [革, 가죽, leather] : 동물의 가죽을 펼쳐 손질하는 데서 유래한 글자 → 가죽, 고치다

- 혁대 [革帶, 띠 대]: 가죽으로 만든 허리띠.
- 피혁 [皮革, 가죽 피]: 생가죽과 가공된 모든 가죽.
- 변혁 [變革, 변할 변]: 가죽을 바꾸듯, 기존의 모습을 새롭게 바꿈.

신 [新, 새롭게 하다, renew]: 도끼(斤) + 나무(木) + 발음요소 신(辛) → 도끼로 나무를 베어 새롭게 만들다 → 새롭게 하다, 바꾸다

- 참신 [斬新, 벨 참]: 낡은 것을 과감히 잘라내고 새롭게 함.
- 갱신 [更新, 다시 갱]: 오래된 것을 다시 새롭게 고침.
- 신문 [新聞, 들을 문]: 새로운 소식이나 정보를 전하는 매체.

이 낱말, 뭐게?

Week 33-36

- ● **이름대기 퀴즈**

아래 설명을 읽고, 알맞은 어휘를 쓰세요.

1. 열매가 열리는 나무를 심고 가꾸는 밭:
2. 높이 날듯이 뛰어오름, 또는 지위나 수준이 빠르게 오름:
3. 이상하고 괴상한 것을 찾아다니며 흥미를 느끼는 태도:
4. 가죽을 고쳐 새 물건을 만들 듯, 기존 것을 고쳐 새롭게 함:

- ● **빈칸에 들어갈 어휘**

빈칸에 들어갈 알맞은 어휘를 쓰세요.

1. (   )적인 범죄가 발생해 사회에 충격을 주었다.
2. 설명이 지나치게 (   )적이라 쉽게 이해되지 않았다.
3. 회사는 기술 (   )을 통해 빠르게 성장했다.
4. 시골 할머니 댁 뒤에는 넓은 (   )이 있다.

- ● **한 글자 뜻 고르기**

괄호 안 글자의 뜻으로 알맞은 것을 고르세요.

1. '과수원'에서 '과(果)'는 어떤 의미인가요?
    A. 동산   B. 잎   C. 열매   D. 나무

2. '엽기'의 '기(奇)'은 어떤 뜻인가요?
    A. 사냥하다   B. 웃다   C. 이상하다   D. 놀라다

3. '혁신'의 '혁(革)'은 무슨 의미인가요?
    A. 바꾸다   B. 새롭다   C. 생각하다   D. 가죽

4. '비약'의 '약(躍)'은 무엇을 뜻하나요?
    A. 줄다   B. 뛰다   C. 날다   D. 걷다

● 정답: 152p

이 낱말, 엇갈렸네?!

Week 33-36

가로

1. 열매를 맺음, 또는 어떤 원인에 따라 생기는 성과.
2. 열매가 열리는 나무를 심고 가꾸는 밭.
3. 알에서 갓 깨어난 어린 물고기.

세로

1. 껍질이 단단한 열매의 종류.
2. 어린아이들을 교육하고 돌보는 곳.

정답: 154p

광고 廣告

Week 37

광

광 [廣, 넓다, wide]

광어, 광장, 광개토왕

고

고 [告, 알리다, announce]

고백, 경고, 예고

광고 Advertisement

어떤 소식이나 상품을 널리 알리는 일.

예문: 너 지금 1등 했다고 동네방네 광고하니?

광 [廣, 넓다, wide]
고 [告, 알리다, announce]

- 주로 상품이나 서비스를 다양한 매체를 통해 사람들에게 널리 알리는 활동을 말합니다.

광고 廣告

Week 37

광 [廣, 넓다, wide]: 황제(黃) + 집(广) → 황제가 살던 넓은 집 → 넓다, 널찍하다

- 광어 [廣魚, 물고기 어]: 몸이 넓적한 생김새의 물고기.
- 광장 [廣場, 마당 장]: 넓게 트인 마당이나 공공 공간.
- 광개토왕 [廣開土王, 열 개·흙 토·임금 왕]: 땅을 넓힌 고구려 왕.

고 [告, 알리다, announce]: 소(牛) + 입(口) → 제물을 바치며 소원을 말함 → 알리다

- 고백 [告白, 흰 백]: 마음속 이야기를 솔직히 말함.
- 경고 [警告, 경계할 경]: 위험이나 실수를 주의하도록 알림.
- 예고 [豫告, 미리 예]: 앞으로 있을 일을 미리 알림.

신랄 辛辣

Week 38

신

신 [辛, 괴롭다/맵다, painful/spicy]

간신히, 신라면, 향신료

랄

랄 [辣, 맵다/아리다, spicy/stinging]

악랄

신랄 — Scathing

말이나 글이 매우 날카롭고 아림.

예문: 나의 글에 대한 그의 비판이 매우 신랄했다.

신 [辛, 괴롭다/맵다, painful/spicy]
랄 [辣, 맵다/아리다, spicy/stinging]

- 말이나 글, 비평이 듣는 사람에게 불편하거나 아프게 느껴질 만큼 날카롭고 거셀 때 쓰는 말입니다.

신랄 辛辣

Week 38

신 [辛, 괴롭다/맵다, painful/spicy]: 노예의 몸에 문신을 새기던 날카로운 도구를 본뜬 글자 → 찌르는 듯한 고통 → 괴롭다, 맵다

- 간신히 [艱辛히, 어려울 간]: 매우 어렵고 힘든 상황을 겨우 넘기는 모습.
- 신라면 [辛라면]: 매운맛을 강조한 라면 브랜드 이름.
- 향신료 [香辛料, 향기 향·재료 료]: 음식에 향기와 매운맛을 더해주는 재료.

랄 [辣, 맵다/아리다, spicy/stinging]: 찌르는 듯한 고통(辛) + 묶다(束) → 고통이 한곳에 집중된 모습 → 맵고 날카로운 자극, 아리다, 괴롭다

- 악랄 [惡辣, 악할 악]: 성격이나 행동이 날카롭고 독해 다른 사람을 아프게 함.

이유식 離乳食

Week 39

이

이 [離, 떠나다, leave]

이혼, 이별, 분리

유

유 [乳, 젖, milk]

우유, 모유, 유제품

식

식 [食, 먹다, eat]

음식, 과식, 식당

이유식 — Weaning Food

젖을 떼는 시기의 아기가 처음으로 먹는 음식.

예문: 엄마가 아이에게 **이유식**을 떠 먹였다.

이 [離, 떠나다, leave]
유 [乳, 젖, milk]
식 [食, 먹다, eat]

● 죽처럼 부드럽게 만든 것으로, 아기가 젖 대신 처음 먹기 시작하는 음식입니다.

이유식 離乳食

Week 39

이 [離, 떠나다, leave]: 새 두 마리(隹) + 흩어지는 모습(离) → 함께 있던 새 두 마리가 서로 흩어짐 → 헤어지다, 떨어지다

- 이혼 [離婚, 혼인할 혼]: 부부가 결혼 관계를 끊고 헤어지는 일.
- 이별 [離別, 나눌 별]: 함께 있던 사람과 떨어져 헤어지는 일.
- 분리 [分離, 나눌 분]: 하나였던 것을 나누어 따로 떨어뜨리는 일.

유 [乳, 젖, milk]: 어린아이를 안아 감싼 손(孚) + 어미의 가슴(乙) → 엄마가 아이를 품에 안고 젖을 먹이는 모습 → 젖

- 우유 [牛乳, 소 우]: 소에서 짠 젖.
- 모유 [母乳, 어머니 모]: 엄마가 아기에게 먹이는 젖.
- 유제품 [乳製品, 만들 제·물건 품]: 젖을 가공해 만든 음식. (예: 치즈, 요구르트)

식 [食, 먹다, eat]: 음식을 담는 그릇을 본뜬 글자 → 밥, 먹다

- 음식 [飮食, 마실 음]: 사람이 먹고 마시는 모든 것.
- 과식 [過食, 지날 과]: 지나치게 많이 먹는 것.
- 식당 [食堂, 집 당]: 밥을 사서 먹는 곳.

점멸등 點滅燈

Week 40

점멸등 — Flashing Light

불빛을 깜빡이며 신호나 경고를 알리는 전등.

예문: 경찰차가 점멸등을 켜고 지나간다.

점 [點, 불을 붙이다/점, light/dot]
멸 [滅, 없애다, extinguish]
등 [燈, 등불, lamp]

● 위험하거나 주의가 필요한 상황을 알리기 위해 사용하는 전등으로, 경찰차·구급차·공사 현장 등에서 자주 볼 수 있습니다.

점

점 [點, 불을 붙이다/점, light/dot]

점등, 점화, 흑점

멸

멸 [滅, 없애다, extinguish]

소멸, 박멸, 멸균

등

등 [燈, 등불, lamp]

등잔, 등대, 비상등

점멸등 點滅燈　　Week 40

점
[點, 불을 붙이다/점, light/dot]: 검은 아궁이(黑) + 불을 붙이는 도구(占) → 불을 붙이다, 자국이나 점

- 점등 [點燈, 등불 등]: 등불이나 전등에 불을 켬.
- 점화 [點火, 불 화]: 불을 붙임.
- 흑점 [黑點, 검을 흑]: 검은 점, 특히 태양 표면의 어두운 점.

멸
[滅, 없애다, extinguish]: 물(水) + 불을 끄는 모습(威) → 물로 불을 끔 → 없애다, 사라지다

- 소멸 [消滅, 사라질 소]: 흔적 없이 사라짐.
- 박멸 [撲滅, 칠 박]: 모조리 때려 잡아 없앰.
- 멸균 [滅菌, 균 균]: 세균을 죽여 없앰.

등
[燈, 등불, lamp]: 불(火) + 오르다(登) → 높은 곳에서 밝히는 불빛 → 등불

- 등잔 [燈盞, 그릇 잔]: 기름을 담아 불을 밝히는 그릇.
- 등대 [燈臺, 받침대 대]: 바닷길을 밝혀주기 위해 등불을 높게 받쳐 놓은 탑.
- 비상등 [非常燈, 아닐 비·항상 상]: 긴급하거나 위급할 때에 남에게 그것을 알리기 위하여 켜는 등.

이 낱말, 뭐게?

Week 37-40

● **이름대기 퀴즈**

아래 설명을 읽고, 알맞은 어휘를 쓰세요.

1. 말이나 글이 매우 날카롭고 아림:
2. 어떤 소식이나 상품을 널리 알리는 일:
3. 젖을 떼는 시기의 아기가 처음으로 먹는 음식:
4. 불빛을 깜빡이며 신호나 경고를 알리는 전등:

● **빈칸에 들어갈 어휘**

빈칸에 들어갈 알맞은 어휘를 쓰세요.

1. 텔레비전에는 매일 수많은 (　　　　)가 나온다.
2. 생후 6개월이 되면 보통 (　　　　)을 시작한다.
3. 도로 공사 구간 앞에 (　　　　)이 설치되어 있었다.
4. 그는 정부 정책에 대해 (　　　　)한 비판을 가했다.

● **한 글자 뜻 고르기**

괄호 안 글자의 뜻으로 알맞은 것을 고르세요.

1. '광고'에서 '고(告)'는 어떤 의미인가요?
　　A. 넓다　　B. 열다　　C. 알리다　　D. 내다

2. '신랄'의 '랄(辣)'은 무엇을 뜻하나요?
　　A. 시다　　B. 아리다　　C. 쓰다　　D. 날리다

3. '이유식'의 '이(離)'는 어떤 뜻인가요?
　　A. 먹다　　B. 우유　　C. 떠나다　　D. 섞다

4. '점멸등'의 '멸(滅)'은 무슨 의미인가요?
　　A. 꺼지다　　B. 켜지다　　C. 줄어들다　　D. 부서지다

● 정답: 152p

이 낱말, 엇갈렸네?!

Week 37-40

가로

1. 검은 점, 특히 태양 표면의 어두운 점.
2. 불빛이 깜빡이며 신호나 경고를 알리는 전등.

세로

1. 흔적 없이 사라짐.
2. 불을 붙임.
3. 기름을 담아 불을 밝히는 그릇.

정답: 154p

구축 構築

Week 41

구

구 [構, 얽어 짜다, structure]

구조, 구상, 구성

축

축 [築, 쌓아올리다, pile]

건축, 증축, 신축

구축   Build

틀을 짜고 쌓아 올려 만드는 것.

예문: 시스템을 바르게 **구축**해야 한다.

구 [構, 얽어 짜다, structure]
축 [築, 쌓아올리다, pile]

● 어떤 일이나 조직의 틀을 짜고, 그 기초를 다져 세우는 과정을 말합니다.

구축 構築

Week 41

구 **[構, 얽어 짜다, structure]**: 나무(木) + 틀(冓) → 나무를 얽어 짜서 만든 틀 → **짜다, 얽다**

- 구조 [構造, 지을 조]: **짜여** 이루어진 형태나 체계.
- 구상 [構想, 생각 상]: 전체적인 생각이나 계획을 **짜는 것**.
- 구성 [構成, 이룰 성]: 여러 요소를 모아 전체의 **틀을 짜서** 이루는 것.

축 **[築, 쌓아올리다, pile]**: 흙을 다지는 도구(筑) + 나무(木) → 흙과 나무로 건물을 만드는 모습 → **쌓아 올리다, 짓다**

- 건축 [建築, 세울 건]: 건물을 설계하고 **지어 올리는 것**.
- 증축 [增築, 더할 증]: 기존 건물에 새로운 부분을 덧붙여 **올리는 것**.
- 신축 [新築, 새로울 신]: 건물을 새로 **지어 올리는 것**.

승강기 昇降機

Week 42

승 [昇, 오르다, rise]

상승, 승진, 승급

강 [降, 내리다, descend]

하강, 강등, 강수량

기 [機, 기계, machine]

세탁기, 청소기, 전화기

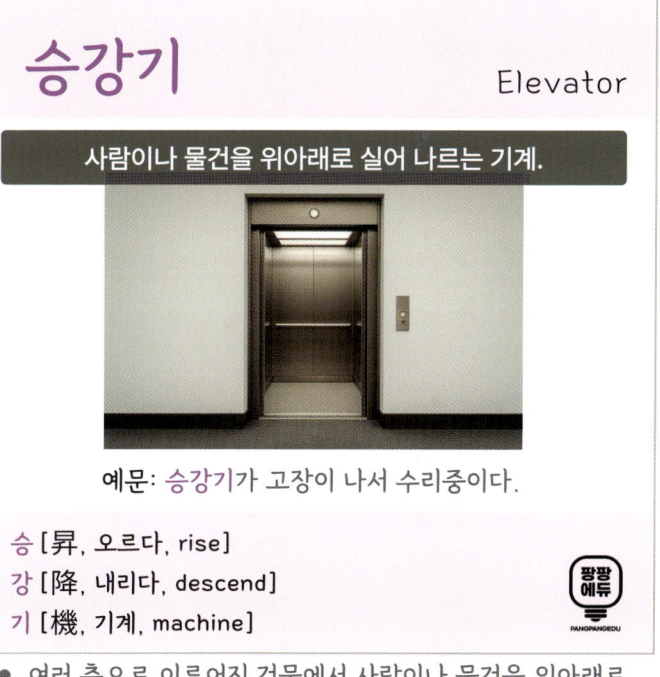

승강기
Elevator

사람이나 물건을 위아래로 실어 나르는 기계.

예문: 승강기가 고장이 나서 수리중이다.

승 [昇, 오르다, rise]
강 [降, 내리다, descend]
기 [機, 기계, machine]

● 여러 층으로 이루어진 건물에서 사람이나 물건을 위아래로 편리하게 옮기기 위해 사용하는 기계입니다.

승강기 昇降機

Week 42

승 [昇, 오르다, rise]: 해(日) + 오를 승(升) → 해가 위로 떠오르는 모습 → 오르다, 상승하다

- 상승 [上昇, 위 상]: 위로 올라감.
- 승진 [昇進, 나아갈 진]: 직위가 올라감.
- 승급 [昇級, 등급 급]: 등급이나 단계가 올라감.

강 [降, 내리다, descend]: 언덕(阝) + 내려오는 사람(夅) → 높은 곳에서 사람이 내려오는 모습 → 내리다, 떨어지다

- 하강 [下降, 아래 하]: 높은 곳에서 낮은 곳으로 내려감.
- 강등 [降等, 등급 등]: 직위나 등급이 낮아짐.
- 강수량 [降水量, 물 수·헤아릴 량]: 비나 눈으로 내린 물의 양.

기 [機, 기계, machine]: 나무(木) + 베틀(幾) → 나무로 만든 정교한 베틀 → 정밀하게 작동하는 기계나 장치

- 세탁기 [洗濯機, 씻을 세·씻을 탁]: 옷을 자동으로 빨아주는 기계.
- 청소기 [淸掃機, 맑을 청·쓸 소]: 먼지나 쓰레기를 빨아들여 청소하는 기계.
- 전화기 [電話機, 전기 전·말씀 화]: 전기 신호로 소리를 전달해, 멀리 있는 사람과 대화하게 해주는 기계.

용의자 容疑者

Week 43

용

용 [容, 담다/받다, contain/receive]

용기, 용납, 허용

의

의 [疑, 믿지 못하다, doubt]

의심, 의혹, 질의

자

자 [者, 사람, person]

환자, 기자, 소비자

용의자 — Suspect

범죄를 저질렀을 것으로 의심받는 사람.

예문: 그는 절도 사건의 용의자로 조사받고 있다.

용 [容, 담다/받다, contain/receive]
의 [疑, 믿지 못하다, doubt]
자 [者, 사람, person]

● 아직 범인으로 확정되지 않았지만, 범죄를 저질렀을 가능성이 있어 조사를 받는 사람입니다.

용의자 容疑者

Week 43

용 [容, 담다/받다, contain/receive]: 집(宀) + 그릇(谷) → 들이는 집과 담는 그릇 → 담다, 받아들이다

- 용기 [容器, 그릇 기]: 물건을 담는 그릇.
- 용납 [容納, 받아들일 납]: 어떤 행동이나 의견을 받아들임.
- 허용 [許容, 허락할 허]: 어떤 일을 하도록 허락해 받아들임.

의 [疑, 믿지 못하다, doubt]: 길에서 방향을 몰라 머뭇거리는 사람의 모습을 표현한 글자 → 주저하다, 믿지 못하다

- 의심 [疑心, 마음 심]: 믿지 못하는 마음.
- 의혹 [疑惑, 미혹할 혹]: 수상하다고 여겨 의심함.
- 질의 [質疑, 바탕 질]: 의문을 품고 질문함.

자 [者, 사람, person]: 노인(耂) + 말하다(白) → 노인이 아랫사람을 부름 → 놈 → 사람

- 환자 [患者, 병 환]: 병을 앓고 있는 사람.
- 기자 [記者, 기록할 기]: 취재하고 기사를 쓰는 사람.
- 소비자 [消費者, 사라질 소·쓸 비]: 물건이나 서비스를 사서 쓰는 사람.

치어 稚魚

Week 44

치

치 [稚, 어린/미숙한, young/immature]

유치원, 유치, 치졸

어

어 [魚, 물고기, fish]

인어, 장어, 건어물

치어 — Young Fish

알에서 갓 깨어난 어린 물고기.

예문: 알에서 치어들이 나오기 시작했다.

치 [稚, 어린/미숙한, young/immature]
어 [魚, 물고기, fish]

● 일반적인 어린 물고기보다 더 이른 시기의 물고기를 말합니다.

치어 稚魚

Week 44

치 [稚, 어린/미숙한, young/immature]: 아직 여물지 않은 벼(禾) + 어린 새(隹) → 충분히 자라지 않은 벼와 어린 새의 모습 → 어리다, 미숙하다

- 유치원 [幼稚園, 어릴 유·동산 원]: 어린아이들을 교육하고 돌보는 곳.
- 유치 [幼稚, 어릴 유]: 생각이나 행동이 미숙하고 어림.
- 치졸 [稚拙, 졸렬할 졸]: 유치하고 어설픈 상태.

어 [魚, 물고기, fish]: 물고기의 형태를 본뜬 글자 → 물고기

- 인어 [人魚, 사람 인]: 사람의 윗몸과 물고기의 아랫몸을 가진 전설 속 존재.
- 장어 [長魚, 길 장]: 몸이 길고 미끈한 물고기.
- 건어물 [乾魚物, 마를 건·물건 물]: 말린 물고기나 해산물.

이 낱말, 뭐게?

Week 41-44

● **이름대기 퀴즈**

아래 설명을 읽고, 알맞은 어휘를 쓰세요.

1. 범죄를 저질렀을 것으로 의심받는 사람:
2. 사람이나 물건을 위아래로 실어 나르는 기계:
3. 틀을 짜고 쌓아 올려 만드는 것:
4. 알에서 갓 깨어난 어린 물고기:

● **빈칸에 들어갈 어휘**

빈칸에 들어갈 알맞은 어휘를 쓰세요.

1. 정부는 새로운 도로망을 (　　　　)할 계획이다.
2. 고장 난 (　　　　)에 사람이 갇혀 구조를 요청을 했다.
3. 경찰은 사건 당시 주변에 있던 한 남성을 (　　　　)로 지목했다.
4. 연못에 (　　　　) 수천 마리가 떼 지어 헤엄치고 있었다.

● **한 글자 뜻 고르기**

괄호 안 글자의 뜻으로 알맞은 것을 고르세요.

1. '구축'에서 '축(築)'은 어떤 의미인가요?
   A. 세우다   B. 쌓다   C. 닫다   D. 깔다

2. '승강기'의 '강(降)'은 무엇을 뜻하나요?
   A. 오르다   B. 나르다   C. 내리다   D. 멈추다

3. '용의자'의 '용(容)'는 어떤 뜻인가요?
   A. 받아들이다   B. 의심하다   C. 숨기다   D. 말하다

4. '치어'의 '치(稚)'는 무슨 의미인가요?
   A. 어린   B. 물고기   C. 약하다   D. 숨다

● 정답: 152p

이 낱말, 엇갈렸네?!

Week 41-44

가로

1. 전기 신호로 소리를 전달해, 멀리 있는 사람과 대화하게 해주는 기계.
2. 위로 올라감.
3. 비나 눈으로 내린 물의 양.

세로

1. 전기로 빛을 내어 정보를 보여주는 넓은 판.
2. 사람이나 물건을 위아래로 실어 나르는 기계.

● 정답: 154p

근절 根絕

Week 45

근

근 [根, 뿌리, root]

연근, 모근, 근원

절

절 [絶, 끊다, cut]

절교, 절연, 두절

근절 Eradication

뿌리째 끊어 없앰.

예문: 반드시 부정부패를 근절해야 한다.

근 [根, 뿌리, root]
절 [絶, 끊다, cut]

- 문제나 해로운 요소를 뿌리부터 완전히 없애 다시 생기지 않도록 하는 것을 말합니다.

근절 根絕

Week 45

근 [根, 뿌리, root]: 나무(木) + 아래를 향한 시선(艮) → 나무뿌리를 바라보는 모습 → 뿌리, 기초

- 연근 [蓮根, 연꽃 연]: 연꽃의 뿌리.
- 모근 [毛根, 털 모]: 털의 뿌리 부분.
- 근원 [根源, 근원 원]: 어떤 일이나 현상이 처음 시작된 곳.

절 [絕, 끊다, cut]: 실(糸) + 칼(刀) → 칼로 실을 끊는 모습 → 끊다

- 절교 [絕交, 사귈 교]: 친구나 지인과의 관계를 끊는 것.
- 절연 [絕緣, 인연 연]: 관계나 전기 등의 연결을 끊는 것.
- 두절 [杜絕, 막을 두]: 소식이나 연락이 완전히 끊어짐.

복개 覆蓋

Week 46

복

복 [覆, 덮다, conceal]

복면, 피복선

개

개 [蓋, 덮개, lid]

두개골, 슬개골, 무개차

복개
Overdecking

하천이나 도랑 위를 덮거나 씌우는 일.

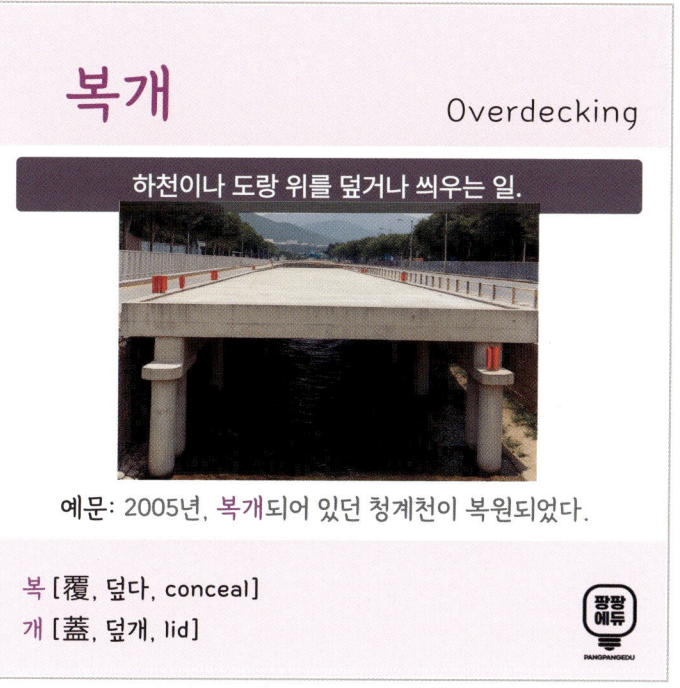

예문: 2005년, 복개되어 있던 청계천이 복원되었다.

복 [覆, 덮다, conceal]
개 [蓋, 덮개, lid]

● 도로나 건물을 만들기 위해 하천이나 개천 위를 콘크리트 등으로 덮는 것을 말합니다.

복개 覆蓋

Week 46

복 [覆, 덮다, conceal]: 덮개(襾) + 발음요소 복(復) → 위에서 아래로 덮는 모습 → 덮다, 가리다

- 복면 [覆面, 얼굴 면]: 얼굴을 가리기 위해 덮어 쓰는 천.
- 피복선 [被覆線, 입을 피·줄 선]: 전기가 새지 않도록 겉을 덮어 씌운 전선.

개 [蓋, 덮개, lid]: 풀(艹) + 뚜껑이 있는 보관함(盍) → 위에서 덮는 뚜껑의 모습 → 뚜껑, 덮개

- 두개골 [頭蓋骨, 머리 두·뼈 골]: 머리를 덮어 보호하는 뼈 구조.
- 슬개골 [膝蓋骨, 무릎 슬·뼈 골]: 무릎을 덮는 뼈.
- 무개차 [無蓋車, 없을 무·수레 차]: 지붕이 없는 차.

여객선 旅客船

Week 47

여

여 [旅, 나그네, traveler]

여행, 여권, 여관

객

객 [客, 손님, guest]

고객, 승객, 객실

선

선 [船, 배, ship]

선장, 선박, 어선

여객선 Passenger Ship

여행하는 손님이 타는 배.

예문: 내가 탄 여객선은 손님들로 북적였다.

여 [旅, 나그네, traveler]
객 [客, 손님, guest]
선 [船, 배, ship]

● 사람들이 타고 여행하거나 먼 곳으로 이동할 수 있도록 만든 배입니다.

여객선 旅客船

Week 47

여 [旅, 나그네, traveler]: 깃발(㫃) + 여러 사람들이 함께 이동하는 모습(从) → 함께 이동하는 군대 → 떠나다, 돌아다니다, 나그네

- 여행 [旅行, 다닐 행]: 살던 곳을 떠나 다른 곳을 다니며 머무는 일.
- 여권 [旅券, 문서 권]: 해외여행 자격을 증명하는 공식 문서.
- 여관 [旅館, 집 관]: 여행자가 머무는 숙소.

객 [客, 손님, guest]: 집(宀) + 발걸음(各) → 집안으로 들어오는 발걸음 → 손님, 나그네, 잠시 머무는 사람

- 고객 [顧客, 돌아볼 고]: 상품이나 서비스를 이용하는 손님.
- 승객 [乘客, 탈 승]: 교통수단을 이용하는 손님.
- 객실 [客室, 방 실]: 손님이 머무는 방.

선 [船, 배, ship]: 작은 배(舟) + 발음요소 연(㕣) → 나룻배 모양에서 유래한 글자 → 배, 뜨다

- 선장 [船長, 우두머리 장]: 배를 지휘하는 책임자.
- 선박 [船舶, 배 박]: 사람이나 짐을 나르는 모든 배.
- 어선 [漁船, 고기 잡을 어]: 물고기 잡는 데 사용하는 배.

찰과상 擦過傷

Week 48

찰과상 — Scratch

스치거나 문질러져 피부가 긁히고 벗겨진 상처.

예문: 나는 넘어져 팔에 **찰과상**을 입었다.

찰 [擦, 문지르다, rub]
과 [過, 지나다, pass]
상 [傷, 다치다, wound]

● 넘어지거나 어딘가에 스쳐서 피부 겉면이 벗겨진, 비교적 가벼운 상처를 말합니다.

찰
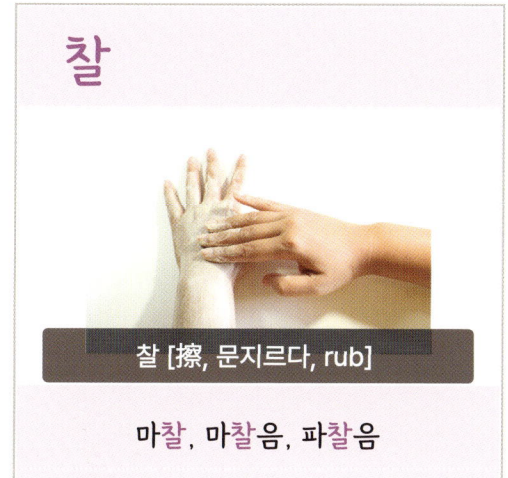
찰 [擦, 문지르다, rub]

마찰, 마찰음, 파찰음

과

과 [過, 지나다, pass]

통과, 여과기, 과거

상
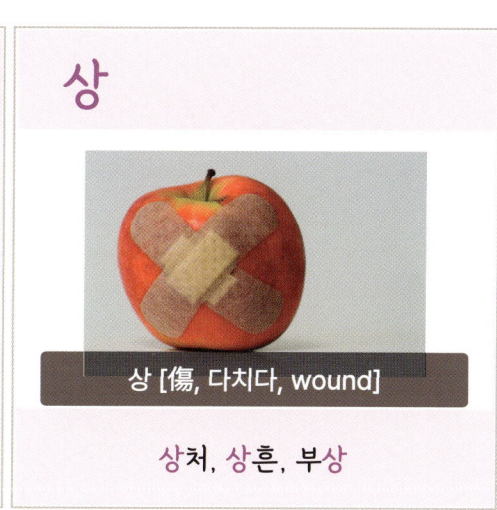
상 [傷, 다치다, wound]

상처, 상흔, 부상

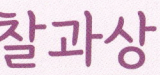

찰과상 擦過傷

Week 48

찰 [擦, 문지르다, rub]: 손(扌) + 살피다(察) → 손으로 문질러 닦거나 비비는 동작 → 문지르다

- 마찰 [摩擦, 문지를 마]: 두 물체가 맞닿아 문질러지는 현상 또는 갈등.
- 마찰음 [摩擦音, 문지를 마·소리 음]: 좁은 틈을 지나며 문지르듯 나는 소리. (예: [ㅅ], [f])
- 파찰음 [破擦音, 깨뜨릴 파·소리 음]: 파열음과 마찰음이 결합된 소리. (예: [ㅈ], [ʤ])

과 [過, 지나다, pass]: 걷는 모습(辶) + 발음요소 과(咼) → 어떤 상태나 장소를 지나감 → 지나다

- 통과 [通過, 통할 통]: 어떤 장소나 단계를 지나쳐 감.
- 여과기 [濾過器, 거를 여·도구 기]: 액체나 기체를 걸러 통과시키는 도구.
- 과거 [過去, 갈 거]: 이미 지나간 시간.

상 [傷, 다치다, wound]: 사람(人) + 화살(矢) + 열(昜) → 사람이 화살에 맞아 열이 나는 모습 → 다치다

- 상처 [傷處, 곳 처]: 몸의 다친 부위.
- 상흔 [傷痕, 흉터 흔]: 상처가 아문 뒤 남은 흔적.
- 부상 [負傷, 짐질 부]: 상처를 몸에 짊어진 상태.

이 낱말, 뭐게?

Week 45-48

- **이름대기 퀴즈**
아래 설명을 읽고, 알맞은 어휘를 쓰세요.

1. 뿌리째 끊어 없앰:
2. 스치거나 문질려져 피부가 긁히고 벗겨진 상처:
3. 하천이나 도랑 위를 덮거나 씌우는 일:
4. 여행하는 손님이 타는 배:

- **빈칸에 들어갈 어휘**
빈칸에 들어갈 알맞은 어휘를 쓰세요.

1. 우리는 제주도로 가는 (   )을 탔다.
2. 하천 위를 덮는 (   ) 공사가 다음 달에 시작된다.
3. 학교 폭력을 (   )하기 위한 대책이 필요하다.
4. 나는 넘어져서 무릎에 (   )을 입었다.

- **한 글자 뜻 고르기**
괄호 안 글자의 뜻으로 알맞은 것을 고르세요.

1. '근절'의 '근(根)'은 어떤 의미인가요?
   A. 뿌리   B. 줄기   C. 싹   D. 자르다

2. '복개'의 '복(覆)'은 무엇을 뜻하나요?
   A. 가리다   B. 덮다   C. 던지다   D. 끌다

3. '여객선'의 '객(客)'은 어떤 뜻인가요?
   A. 돌아다니다   B. 손님   C. 배   D. 나그네

4. '찰과상'의 '찰(擦)'은 무슨 의미인가요?
   A. 지나다   B. 놀리다   C. 문지르다 D. 터지다

● 정답: 152p

이 낱말, 엇갈렸네?!

Week 45-48

가로

1. 스치거나 문질러져 피부가 긁히고 벗겨진 상처.
2. 상처가 아문 뒤 남은 흔적.

세로

1. 맞닿아 문질러지는 현상 또는 갈등.
2. 이미 지나간 시간.
3. 상처를 몸에 짊어진 상태.

● 정답: 154p

노골 露骨

Week 49

노

노 [露, 이슬/드러나다, dew/bare]

결로, 노출, 노천탕

골

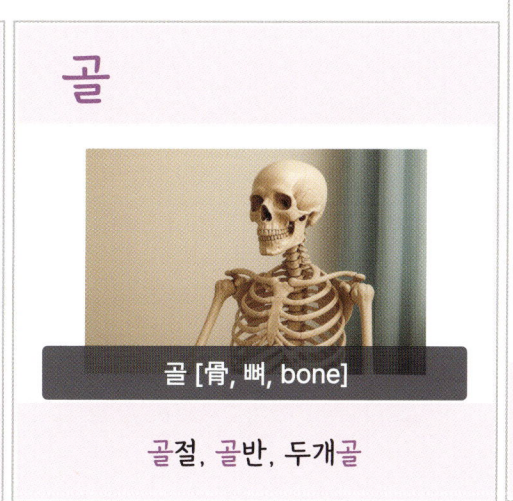

골 [骨, 뼈, bone]

골절, 골반, 두개골

노골 — Overt

뼈가 그대로 드러나듯, 숨김없이 속마음을 모두 드러냄.

예문: 그는 노골적으로 나의 재산을 탐냈다.

노 [露, 이슬/드러나다, dew/bare]
골 [骨, 뼈, bone]

● 감추거나 숨겨야 할 마음이나 욕심을 거리낌 없이 드러낼 때 쓰는 말입니다.

노골 露骨

Week 49

노 [露, 이슬/드러나다, dew/bare]: 물방울(雨) + 길(路) → 길 위에 맺힌 이슬 → 이슬, 드러나다

- 결로 [結露, 맺을 결]: 수증기가 모여 이슬처럼 맺히는 현상.
- 노출 [露出, 나갈 출]: 겉으로 드러남.
- 노천탕 [露天湯, 하늘 천·목욕물 탕]: 하늘과 사방이 드러난 곳에 만든 목욕탕.

골 [骨, 뼈, bone]: 뼈 모양을 본뜬 글자 → 뼈

- 골절 [骨折, 꺾을 절]: 뼈가 부러짐.
- 골반 [骨盤, 쟁반 반]: 몸통 아래에 위치해, 내장을 담고 다리뼈와 연결되는 쟁반 모양의 뼈.
- 두개골 [頭蓋骨, 머리 두·덮개 개]: 머리를 덮어 보호하는 뼈 구조.

목가 牧歌

Week 50

목 [牧, 기르다, raise]

목축, 목민심서, 방목

가 [歌, 노래, song]

가요, 성가대, 애국가

목가 — Pastoral

목동이 부르는 노래.

예문: 나는 늘 목가적인 시골생활을 꿈꾼다.

목 [牧, 기르다, raise]
가 [歌, 노래, song]

- 한가롭고 평화로운 시골의 삶이나 풍경을 담은 시나 노래를 뜻합니다.

목가 牧歌　　　　　　　　　　　　　Week 50

목 [牧, 기르다, raise]: 소(牛) + 치다(攵) → 소를 기르는 모습 → **가축을 기르다, 다스리다**

- 목축 [牧畜, 가축 축]: 가축을 <u>기르고 돌보는 일</u>.
- 방목 [放牧, 놓을 방]: 가축을 들판에 풀어 자유롭게 <u>기르는 것</u>.
- 목민심서 [牧民心書, 백성 민·마음 심·책 서]: 백성을 <u>다스리는</u> 관리의 마음가짐과 자세를 담은 책.

가 [歌, 노래, song]: 노래(哥) + 입을 벌림(欠) → 입을 벌려 노래를 부르는 모습 → **노래, 노래하다**

- 가요 [歌謠, 노래 요]: 사람들이 즐겨 부르는 대중적인 <u>노래</u>.
- 성가대 [聖歌隊, 성스러울 성·무리 대]: 교회 등에서 성스러운 노래를 부르는 합창단.
- 애국가 [愛國歌, 사랑 애·나라 국]: 나라를 사랑하는 마음을 담은 공식적인 <u>노래</u>.

박람회 博覽會

Week 51

박
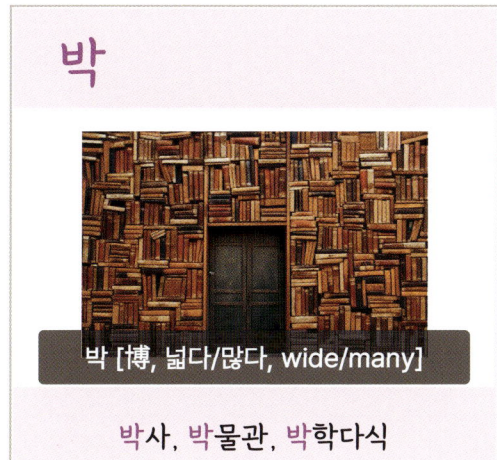
박 [博, 넓다/많다, wide/many]

박사, 박물관, 박학다식

람

람 [覽, 둘러보다, look around]

관람객, 유람선, 열람실

회

회 [會, 모임, meeting]

집회, 회식, 회의

박람회 — Fair

기업이나 기관이 다양한 제품과 정보를 한자리에 모아 보여 주는 큰 행사.

예문: 나는 어제 육아박람회에 다녀왔다.

박 [博, 넓다/많다, wide/many]
람 [覽, 둘러보다, look around]
회 [會, 모임, meeting]

● 새로운 것을 체험하려는 사람들과, 제품과 정보를 알리고 싶은 기업이 함께하는 행사입니다.

박람회 博覽會

Week 51

박 [博, 넓다/많다, wide/many]: 많다(十) + 퍼뜨리다(尃) → 널리, 많이 퍼뜨리는 모습 → **넓다, 많다**

- 박사 [博士, 스승 사]: 학문이 넓고 깊은 사람.
- 박물관 [博物館, 물건 물·집 관]: 다양한 물건을 모아 보관하고 전시하는 곳.
- 박학다식 [博學多識, 배울 학·많을 다·알 식]: 넓게 배우고 많이 아는 것.

람 [覽, 둘러보다, look around]: 살피다(監) + 눈(見) → 눈으로 이리저리 살피는 모습 → **둘러보다, 자세히 보다**

- 관람객 [觀覽客, 볼 관·손님 객]: 공연이나 전시 등을 구경하러 온 사람.
- 유람선 [遊覽船, 놀 유·배 선]: 경치를 둘러보며 돌아다닐 수 있도록 만든 배.
- 열람실 [閱覽室, 펼 열·방 실]: 책이나 자료를 펼쳐 살펴보는 공간.

회 [會, 모임, meeting]: 그릇과 뚜껑이 합쳐진 모습을 본뜬 글자 → **모이다, 만나다**

- 집회 [集會, 모을 집]: 여러 사람이 함께 모이는 행사.
- 회식 [會食, 먹을 식]: 직장 동료들이 함께 모여 식사하는 일.
- 회의 [會議, 의논할 의]: 함께 모여 의견을 나눔.

섭렵 涉獵

Week 52

섭 [涉, 건너다, wade]

섭외, 교섭, 간섭

렵 [獵, 사냥하다/찾다, hunt/search]

수렵, 밀렵, 엽총

섭렵 — Extensive Study

물가를 건너다니며 사냥하듯, 여러 분야를 넘나들며 두루 익히고 경험하는 일.

예문: 그는 책을 통해 다양한 분야의 지식을 섭렵하고 있다.

섭 [涉, 건너다, wade]
렵 [獵, 사냥하다/찾다, hunt/search]

- 특정 분야에만 머무르지 않고, 넓고 다양한 분야의 지식이나 경험을 폭넓게 익힐 때 쓰는 말입니다.

섭렵 涉獵

Week 52

섭 [涉, 건너다, wade]: 물(氵) + 걷다(步) → 물을 걸어서 건너는 모습 → 건너다, 끼어들다

- 섭외 [涉外, 바깥 외]: 외부 사람이나 기관을 찾아 연결하거나 조율하는 일.
- 교섭 [交涉, 서로 교]: 서로 조건이나 의견을 주고받으며 협의하는 일.
- 간섭 [干涉, 방패 간]: 남의 일에 끼어들어 관여하는 일.

렵 [獵, 사냥하다/찾다, hunt/search]: 개(犭) + 갈기(鬣) → 말을 타고 개와 함께 사냥하는 모습 → 사냥하다, 찾다

- 수렵 [狩獵, 사냥할 수]: 짐승을 사냥하는 활동.
- 밀렵 [密獵, 빽빽할 밀]: 허가 없이 몰래 하는 불법 사냥.
- 엽총 [獵銃, 총 총]: 사냥용 총.

이 낱말, 뭐게?

Week 49-52

● **이름대기 퀴즈**

아래 설명을 읽고, 알맞은 어휘를 쓰세요.

1. 목동이 부르는 노래처럼, 한가로운 시골 풍경이나 삶을 담은 시나 노래:
2. 뼈가 그대로 드러나듯, 숨김없이 속마음을 모두 드러냄:
3. 기업이나 기관이 다양한 제품과 정보를 한자리에 모아 보여 주는 큰 행사:
4. 물가를 건너다니며 사냥하듯, 여러 분야를 넘나들며 두루 익히고 경험하는 일:

● **빈칸에 들어갈 어휘**

빈칸에 들어갈 알맞은 어휘를 쓰세요.

1. 그는 (　　　　)적으로 불만을 표현해 주변을 놀라게 했다.
2. 그녀는 다양한 책을 (　　　　)하며 폭넓은 지식을 쌓았다.
3. 이 마을은 (　　　　)적인 풍경으로 유명하다.
4. 서울에서 국제 (　　　　)가 열려 다양한 신제품을 볼 수 있었다.

● **한 글자 뜻 고르기**

괄호 안 글자의 뜻으로 알맞은 것을 고르세요.

1. '노골'의 '노(露)'은 어떤 의미인가요?
   A. 마음   B. 드러나다   C. 뼈   D. 감정

2. '목가'의 '가(歌)'는 무엇을 뜻하나요?
   A. 그림   B. 노래   C. 이야기   D. 마을

3. '박람회'의 '박(博)'은 어떤 뜻인가요?
   A. 많다   B. 둘러보다   C. 적다   D. 치다

4. '섭렵'의 '섭(涉)'은 무슨 의미인가요?
   A. 익히다   B. 넘기다   C. 고르다   D. 물 건너다

● 정답: 152p

이 낱말, 엇갈렸네?!

Week 49-52

가로

1. 다양한 물건을 모아 보관하고 전시하는 곳.
2. 물기가 없어 바싹 마른 상태.
3. 여러 사람이 함께 모이는 행사.

세로

1. 기업이나 기관이 다양한 제품과 정보를 한자리에 모아 보여 주는 큰 행사.
2. 말린 물고기나 해산물.
3. 함께 모여 의견을 나눔.

• 정답: 154p

몰두 沒頭

Week 53

몰

몰 [沒, 빠지다, sink]

침몰, 골몰, 몰입

두

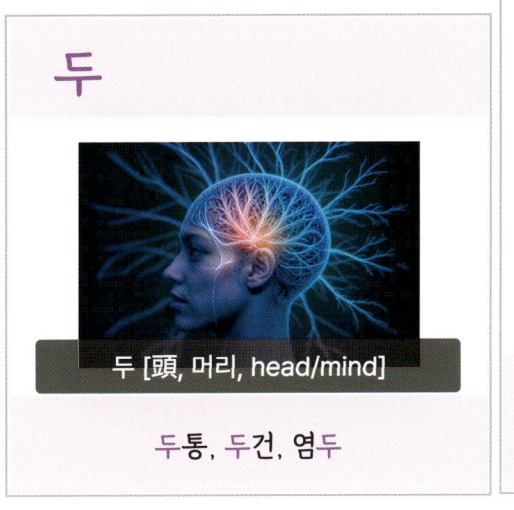

두 [頭, 머리, head/mind]

두통, 두건, 염두

몰두 — Absorption

머릿속이 온통 하나의 생각에 깊이 빠져 있는 상태.

예문: 김 박사는 요즘 연구에 몰두하고 있다.

몰 [沒, 빠지다, sink]
두 [頭, 머리, head/mind]

- 온 정신을 하나의 일에 쏟아 집중하는 상태를 말합니다.

몰두 沒頭

Week 53

몰 [沒, 빠지다, sink]: 물(氵) + 소용돌이치는 모양(勹) + 손(又) → 소용돌이치는 물에 빠져 손을 내미는 모습 → 빠지다

- 침몰 [沈沒, 가라앉을 침]: 배나 물체가 물속에 빠져 가라앉음.
- 골몰 [汨沒, 골몰할 골]: 한 가지 일에 깊이 빠져 다른 것을 잊는 상태.
- 몰입 [沒入, 들어갈 입]: 하나의 대상에 깊이 집중하여 빠져드는 것.

두 [頭, 머리/생각, head/mind]: 제사용 그릇(豆) + 머리(頁) → 머리를 강조한 모습 → 머리, 생각하는 머리

- 두통 [頭痛, 아플 통]: 머리가 아픈 증상.
- 두건 [頭巾, 수건 건]: 머리에 쓰는 천.
- 염두 [念頭, 생각 념]: 머릿속에 두고 늘 생각하는 것.

박차 拍車

Week 54

박

박 [拍, 치다, beat]

박수, 박동, 맥박

차

차 [車, 수레, vehicle]

자동차, 승차, 차량

박차

Spur

말을 치거나 재촉할 때 사용하는, 톱니 모양의 쇠붙이.

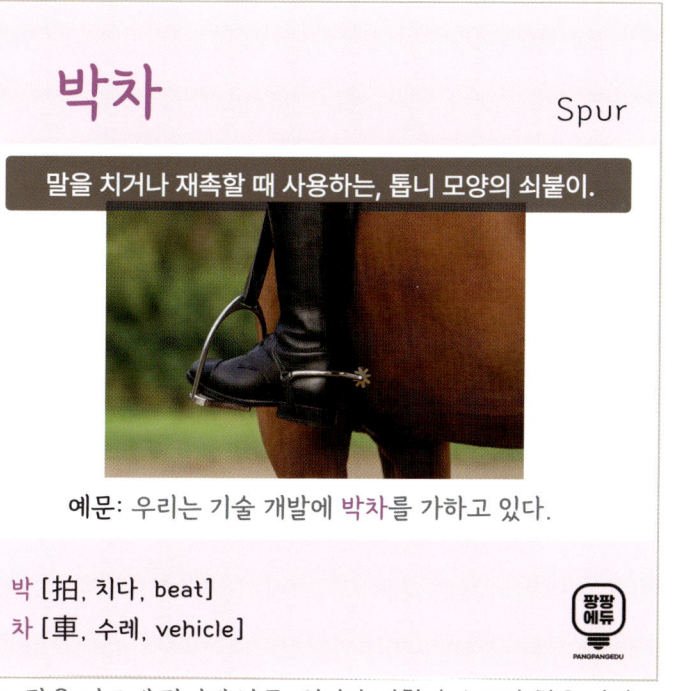

예문: 우리는 기술 개발에 박차를 가하고 있다.

박 [拍, 치다, beat]
차 [車, 수레, vehicle]

- 말을 빠르게 달리게 하듯, 일이나 계획에 속도와 힘을 더해 빠르게 추진하는 것을 비유적으로 표현한 말입니다.

박차 拍車

Week 54

박 [拍, 치다, beat]: 손(扌) + 발음요소 백(白) → 손으로 치는 모습 → 치다, 두드리다

- 박수 [拍手, 손 수]: 손뼉을 침.
- 박동 [拍動, 움직일 동]: 심장 등이 규칙적으로 뛰는 움직임.
- 맥박 [脈拍, 혈관 맥]: 혈관을 타고 퍼지는 박동.

차 [車, 수레, vehicle]: 바퀴 달린 수레를 본뜬 글자 → 운반 도구, 교통수단

- 자동차 [自動車, 스스로 자·움직일 동]: 스스로 움직이는 차.
- 승차 [乘車, 탈 승]: 차를 타는 일.
- 차량 [車輛, 수레 량]: 땅 위를 다니는 모든 종류의 교통수단.

장악 掌握

Week 55

장

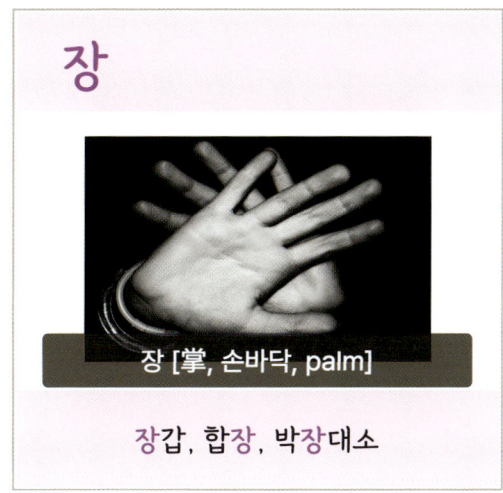

장 [掌, 손바닥, palm]

장갑, 합장, 박장대소

악

악 [握, 쥐다, grasp]

악수, 악력, 파악

장악 Take Control

손안에 단단히 쥠.

예문: 우리는 드디어 적군의 수도를 장악했다.

장 [掌, 손바닥, palm]
악 [握, 쥐다, grasp]

- 어떤 대상을 완전히 손에 넣어 자기 마음대로 다룰 수 있게 됨을 뜻합니다.

장악 掌握　　　Week 55

장 [掌, 손바닥, palm]: 손(手) + 발음요소 상(尚) → 손바닥

- 장갑 [掌匣, 상자 갑]: 손을 보호하거나 따뜻하게 하기 위해 끼는 물건.
- 합장 [合掌, 합할 합]: 두 손바닥을 모아 공손함이나 기도를 표현하는 동작.
- 박장대소 [拍掌大笑, 칠 박·큰 대·웃을 소]: 손뼉을 치며 크게 웃는 것.

악 [握, 쥐다, grasp]: 손(扌) + 발음요소 옥(屋) → 손으로 단단히 쥐다

- 악수 [握手, 손 수]: 서로 손을 마주 잡아 인사하거나 약속하는 행위.
- 악력 [握力, 힘 력]: 손으로 쥐는 힘.
- 파악 [把握, 잡을 파]: 손으로 움켜쥐듯, 어떤 내용을 확실히 이해하거나 알아내는 것.

활주로 滑走路

Week 56

활

활 [滑, 미끄러지다, slide]

원활, 윤활유, 활강경기

주

주 [走, 달리다, run]

계주, 경주, 분주

로

로 [路, 길, road]

도로, 미로, 노면

활주로 Runway

미끄러지듯 빠르게 달릴 수 있도록 만든 길.

예문: 비행기가 이륙을 하려고 활주로를 달리고 있다.

활 [滑, 미끄러지다, slide]
주 [走, 달리다, run]
로 [路, 길, road]

● 비행기가 땅 위를 달려 이륙하거나 착륙 후 멈추는 데 사용하는 넓고 긴 길입니다.

활주로 滑走路

Week 56

활 [滑, 미끄러지다, slide]: 물(氵) + 발음요소 골(骨) → 물처럼 매끄럽고 잘 미끄러지는 상태 → 미끄러지다, 매끄럽다

- 원활 [圓滑, 둥글 원]: 모난 데 없이 부드럽고 매끄럽게 진행됨.
- 윤활유 [潤滑油, 젖을 윤·기름 유]: 마찰을 줄이기 위해 쓰는 미끄러운 기름.
- 활강경기 [滑降競技, 내릴 강·겨룰 경·재주 기]: 경사진 눈길을 미끄러지며 내려오는 겨울 스포츠.

주 [走, 달리다, run]: 사람이 달리는 모습을 본뜬 글자 → 달리다

- 계주 [繼走, 이을 계]: 여러 사람이 차례로 이어 달리는 릴레이 경기.
- 경주 [競走, 겨룰 경]: 누가 더 빨리 달리는지 겨루는 경기.
- 분주 [奔走, 달릴 분]: 매우 바쁘게 이리저리 뛰어다님.

로 [路, 길, road]: 다니다(足) + 여러 방향(各) → 여러 방향으로 이어진, 사람들이 다니는 길 → 길

- 도로 [道路, 길 도]: 사람들이나 자동차가 다니도록 만든 넓은 길.
- 미로 [迷路, 헷갈릴 미]: 복잡하게 얽혀 있어 쉽게 빠져나가기 어려운 길.
- 노면 [路面, 겉부분 면]: 도로의 바닥 표면.

이 낱말, 뭐게?

Week 53-56

● **이름대기 퀴즈**

아래 설명을 읽고, 알맞은 어휘를 쓰세요.

1. 머릿속이 온통 하나의 생각에 깊이 빠져 있는 상태:
2. 말을 치거나 재촉할 때 사용하는, 톱니 모양의 쇠붙이:
3. 손안에 단단히 움켜쥠:
4. 미끄러지듯 빠르게 달릴 수 있도록 만든 길:

● **빈칸에 들어갈 어휘**

빈칸에 들어갈 알맞은 어휘를 쓰세요.

1. 정부는 산업 발전에 (　　　　)를 가하고 있다.
2. 그는 연구에 깊이 (　　　　)한 나머지, 시간을 잊었다.
3. 비행기가 (　　　　)를 따라 빠르게 달리기 시작했다.
4. 그 배우는 연기력으로 무대를 완전히 (　　　　)했다.

● **한 글자 뜻 고르기**

괄호 안 글자의 뜻으로 알맞은 것을 고르세요.

1. '몰두'의 '몰(沒)'는 어떤 의미인가요?
　　A. 생각　　B. 머리　　C. 집중　　D. 빠지다

2. '박차'의 '박(拍)'는 무엇을 뜻하나요?
　　A. 밀다　　B. 치다　　C. 밟다　　D. 달리다

3. '장악'의 '장(掌)'은 어떤 뜻인가요?
　　A. 길다　　B. 쥐다　　C. 손바닥　　D. 누르다

4. '활주로'의 '활(滑)'은 무슨 의미인가요?
　　A. 미끄럽다　　B. 빠르다　　C. 돌다　　D. 달리다

● 정답: 152p

이 낱말, 엇갈렸네?!

Week 53-56

가로

1. 미끄러지듯 빠르게 달릴 수 있도록 만든 길.
2. 모난 데 없이 부드럽고 매끄럽게 진행됨.
3. 누가 더 빨리 달리는지 겨루는 경기.

세로

1. 경사진 눈길을 미끄러지며 내려오는 겨울 스포츠.
2. 여러 사람이 차례로 이어 달리는 릴레이 경기.

정답: 154p

Closing Page

"어휘의 세계로의 **여행**, 즐거우셨나요?"

단어 하나하나 속에 담긴 이야기를 따라가며,
생각과 말의 힘이 자란 시간이었길 바라요.
다음 **어휘 여행**에서 곧 다시 만나요!

팡팡에듀, 여기서도 만나요!

@pangpang_edu

인스타그램

@pangpang_edu

스레드

pangpangedu

스마트스토어

Follow us and Join our Learning Journey

정답: 이 낱말 뭐게?　　Set 1-7

week 1-4				p. 17
이름대기 퀴즈	1. 요철	2. 분무기	3. 두각	4. 가로수
문장 완성	1. 두각	2. 분무기	3. 요철	4. 가로수
한 글자 뜻 고르기	1. C	2. B	3. C	4. A

week 5-8				p. 27
이름대기 퀴즈	1. 모낭	2. 각광	3. 원심력	4. 정거장
문장 완성	1. 각광	2. 모낭	3. 원심력	4. 정거장
한 글자 뜻 고르기	1. B	2. C	3. C	4. A

week 9-12				p. 37
이름대기 퀴즈	1. 응결	2. 무산	3. 간발	4. 장갑차
문장 완성	1. 간발	2. 무산	3. 응결	4. 장갑차
한 글자 뜻 고르기	1. B	2. B	3. A	4. D

week 13-16				p. 47
이름대기 퀴즈	1. 잠식	2. 유인물	3. 별안간	4. 건배
문장 완성	1. 건배	2. 별안간	3. 유인물	4. 잠식
한 글자 뜻 고르기	1. B	2. D	3. A	4. C

week 17-20				p. 57
이름대기 퀴즈	1. 격추	2. 미래	3. 사이비	4. 양서류
문장 완성	1. 사이비	2. 미래	3. 격추	4. 양서류
한 글자 뜻 고르기	1. B	2. C	3. C	4. C

week 21-24				p. 67
이름대기 퀴즈	1. 결과	2. 박빙	3. 용수철	4. 채근
문장 완성	1. 박빙	2. 결과	3. 채근	4. 용수철
한 글자 뜻 고르기	1. A	2. C	3. B	4. B

week 25-28				p. 77
이름대기 퀴즈	1. 고고학	2. 유람선	3. 재래	4. 추호
문장 완성	1. 추호	2. 유람선	3. 고고학	4. 재래
한 글자 뜻 고르기	1. C	2. C	3. A	4. A

정답: 이 낱말 뭐게?　　Set 8-14

week 29-32				p. 87
이름대기 퀴즈	1. 유인원	2. 비범	3. 고막	4. 훼손
문장 완성	1. 훼손	2. 비범	3. 유인원	4. 고막
한 글자 뜻 고르기	1. D	2. B	3. B	4. A
week 33-36				p. 97
이름대기 퀴즈	1. 과수원	2. 비약	3. 엽기	4. 혁신
문장 완성	1. 엽기	2. 비약	3. 혁신	4. 과수원
한 글자 뜻 고르기	1. C	2. C	3. D	4. B
week 37-40				p. 107
이름대기 퀴즈	1. 신랄	2. 광고	3. 이유식	4. 점멸등
문장 완성	1. 광고	2. 이유식	3. 점멸등	4. 신랄
한 글자 뜻 고르기	1. C	2. B	3. C	4. A
week 41-44				p. 117
이름대기 퀴즈	1. 용의자	2. 승강기	3. 구축	4. 치어
문장 완성	1. 구축	2. 승강기	3. 용의자	4. 치어
한 글자 뜻 고르기	1. B	2. C	3. A	4. A

week 45-48				p. 127
이름대기 퀴즈	1. 근절	2. 찰과상	3. 복개	4. 여객선
문장 완성	1. 여객선	2. 복개	3. 근절	4. 찰과상
한 글자 뜻 고르기	1. A	2. B	3. B	4. C
week 49-52				p. 137
이름대기 퀴즈	1. 목가	2. 노골	3. 박람회	4. 섭렵
문장 완성	1. 노골	2. 섭렵	3. 목가	4. 박람회
한 글자 뜻 고르기	1. B	2. B	3. A	4. D
week 53-56				p. 147
이름대기 퀴즈	1. 몰두	2. 박차	3. 장악	4. 활주로
문장 완성	1. 박차	2. 몰두	3. 활주로	4. 장악
한 글자 뜻 고르기	1. D	2. B	3. C	4. A

정답: 이 낱말 엇갈렸네?! Set 1-7

p. 18
			등	
	가	판	대	
	로			
침	엽	수		
		목		
과	수	원		

p. 28
		구		
망		심	장	
원	심	력		
경				

p. 38
		복		
	포	장		
		갑	각	류
자	동	차		
		량		

p. 48
식	당		
용			
유	조	차	
인			
동	물	물	교	환

p. 58
		평		
근				
사	이	비	범	
치		매		
		품		

p. 68
촉		복		
용	수	철	면	피
궁		조		
		망		

p. 78
	방	
유	목	민
람		
풍	선	
	박	

정답: 이 낱말 엇갈렸네?! Set 8-14

p. 88
	유	추	
	인		
견	원	지	간
			식

p. 98
		유	
	견	치	어
결	과	수	원
	류		

p. 108
	소		
흑	점	멸	등
	등		잔

p. 118
	상	승	
		강	수	량
전	화	기	
광			
판			

p. 128
	마	부	
	찰	과	상	흔
		거		

p.138
	건	조	
	어		
박	물	관	
	람		
집	회		
	의		

p. 148
		계		
원	활	주	로
	강		
	경	주	
	기